Annäherung an das Glück

Reinhold Aßfalg

Allen,
die Glücksverheißungen gegenüber misstrauisch sind
und es nicht aufgeben, ihren eigenen Weg zu suchen.

Annäherung an das Glück

… aber Zufriedenheit wär auch nicht schlecht

Reinhold Aßfalg

Bibliografische Information der Deutschen Nationalbibliothek:
Die Deutsche Nationalbibliothek verzeichnet diese Publikation
in der Deutschen Nationalbibliografie; detaillierte bibliografische
Daten sind im Internet über http://dnb.dnb.de abrufbar.

Impressum
© 2018 Reinhold Aßfalg
Umschlaggestaltung: Franziska Gumpp
Satz: Buch&media GmbH
Herstellung und Verlag: Books on Demand GmbH, Norderstedt
https://www.bod.de
ISBN 978-3-7481-1353-9

So flog die Zeit dahin. Das Glück erzählt sich schlecht,
und es nutzt sich ab, ohne dass man den Verschleiß bemerkt.

Henri-Pierre Roché: Jules und Jim.

Inhalt

Liebe Leserin, lieber Leser,

wir alle streben danach, glücklich zu sein, obwohl wir die größten Schwierigkeiten haben, genau zu erklären, was wir darunter verstehen. Das Wort »*Glück*« ist vieldeutig, und ich will gleich zugeben, dass ich dieses Wort nicht besonders mag. Glücksbeschreibungen sind immer interessant, aber individuell und höchst subjektiv. Aber es gibt kein besseres Wort, um ganz allgemein das zu benennen, wonach wir alle suchen: ein Leben, das nicht nur seine gelegentlichen Highlights hat, sondern auch insgesamt – mit allen Höhen und Tiefen – irgendwie gelungen ist. In diesem »irgendwie« liegt sehr viel Ratlosigkeit aber auch eine Portion Neugier, die zum Nachdenken anregt. Was mich an dem Wort »Glück« vor allem stört, ist der süßliche Schimmer, der es umgibt – und das in einer Zeit, die wirklich ernstere Sorgen hat.

Trotzdem, ich kann auf dieses Wort nicht verzichten. Immer wieder beschäftigt mich die Frage nach dem Glück. Um Ihr Interesse für diesen Text zu wecken, müsste ich mit Begeisterung vom Glück reden, ich müsste seine Erreichbarkeit darlegen und Ihnen versprechen, dass Sie, nachdem Sie die letzte Seite dieses Buches gelesen haben, wissen werden, wo und wie es zu finden ist. Wir wissen doch, wie Werbung funktioniert. Wenn ich also gleich auf der ersten Seite meine Unsicherheit bekenne und deshalb nur von einer »Annäherung« spreche, kann es gut sein, dass Sie etwas Wichtigeres vorhaben und Ihre Zeit, von der man gelegentlich zu viel aber meistens zu wenig hat, für etwas anderes verwenden. Falls die Sache mit dem Glück Sie aber trotz der damit verbundenen Unsicherheit angesprochen haben sollte, möchte ich Sie einladen, mir bei der weiteren Suche zu folgen …

Bevor Sie weiterlesen, will ich mich vorstellen. Schließlich sollten Sie wissen, mit wem Sie es zu tun haben, zumal das Thema, um das es hier geht, nicht ganz ohne Belang ist. Wer dazu auffordert, sich über die innersten Ziele und Beweggründe seine eigenen Gedanken zu machen, sollte gute Gründe dafür haben.

Meinen Namen haben Sie auf der Titelseite gelesen; ich habe lange Zeit als Diplom-Psychologe und Psychotherapeut gearbeitet, hauptsächlich in einer Fachklinik für Suchtkranke. Eine Arbeit, die nicht nur über Menschen mit einer bestimmten Krankheit etwas sagt, sondern auch über uns Menschen ganz allgemein, über die Zeit, in der wir leben, über unsere sozialen Verhältnisse, über unsere Hoffnungen, Ängste, Sehnsüchte, Illusionen und Irrtümer.

Die Fachklinik für Suchtkranke war Arbeitsstelle, Heimat, Experimentierfeld und Schule des Lebens. Ob ich auf dieser Schule viel gelernt habe, weiß ich nicht, aber einige Dinge schon: Es geht immer um das sogenannte (und schwer definierbare) Glück, das in der Erwartung nie groß genug sein kann; es geht um die mehr oder weniger verkorksten Wege, es zu erreichen und die Sackgassen, in die man auf der Hetzjagd nach dem Glück unwillkürlich gerät. Oft ist es ja so, dass man, wenn man etwas zu forciert anstrebt, genau das Gegenteil von dem erreicht, was man eigentlich wollte, und dann hat man vielleicht sogar den Eindruck, als ob das Gegenteil – in diesem Falle das Gegenteil des Glücks, das Unglück also – Ziel unserer Anstrengung gewesen sei. Jedenfalls unternehmen wir Menschen oft alles, um unser Glück zu verhindern.

Darüber habe ich vor ein paar Jahren ein Buch geschrieben: *Über das Glück – und wie wir es verhindern können. Neun Strategien zur Förderung des Unglücks* (Lengerich 2012). Das war natürlich paradox formuliert. Niemand will sich nachsagen lassen, er versuche absichtlich das Glück zu sabotieren, er suche absichtlich sein Unglück. Nein, das wäre zu viel verlangt. Aber es besteht doch kein Zweifel, dass unser Verhalten oft diesen doppelbödigen Charakter hat: Ich will etwas, und ich will es auch nicht, ich liebe etwas, und ich hasse es, und in dem, was wir tun, setzt sich oft die unterschwellige Seite – gegen unseren

Willen – durch, und dann reiben wir uns verwundert die Augen. Wir reden und träumen vom Glück, aber wenn es auch nur ansatzweise da ist, schauen wir weg. Wir wissen, was wir tun müssten, um ein bisschen glücklicher zu sein, aber wir tun das Gegenteil, um dem Glück ja nicht auf den Leim zu gehen …

Die Anstrengungen, die wir, bewusst oder unbewusst, unternehmen, um unser Glück zu verhindern, habe ich in neun »Strategien« beschrieben, die ich hier noch einmal kurz benennen will:

1. *Erkenne Deine wahren Helfer: Alkohol und andere Drogen!*
2. *Sammle, was Du nicht brauchst!*
3. *Unterwirf Dich einem Führer!*
4. *Ergreife die Macht!*
5. *Verschließe Dich!*
6. *Arbeite, arbeite, arbeite!*
7. *Sei perfekt!*
8. *Hab alles und stets unter Kontrolle!*
9. *Vermeide das Jetzt!*

Liebe Leserin, lieber Leser, Sie sehen schon, worauf es bei dieser Aufzählung hinausläuft: Es geht um die unglückstiftende Macht der Übertreibung. Jede der hier aufgeführten Strategien umschreibt die Tatsache, dass ein an sich gesundes Verhalten übertrieben wird und durch seine Einseitigkeit in eine Sackgasse führt. Es ist immer die Maßlosigkeit, die das Unglück erzeugt:

> Alkohol, in Maßen konsumiert, kann dem Genuss, der Entspannung und Geselligkeit dienen, führt im Falle der Übertreibung aber zu Rausch und Abhängigkeit; dann wird er die Gesundheit ruinieren und sich – wie die härteren Drogen auch – als handfestes Gift erweisen, wobei bei den sogenannten illegalen

Drogen die mit der Illegalität zusammenhängenden Probleme hinzukommen.

Natürlich ist es gut, Dinge zu sammeln, seinen Besitz zu mehren, sich ein gutes Leben zu ermöglichen und für schlechte Zeiten vorzusorgen, aber im Falle der Übertreibung besteht die Gefahr, das Wichtige nicht mehr vom Unwichtigen unterscheiden zu können und schließlich im angesammelten Plunder zu ersticken.

Sich dem Rat eines Führers anzuvertrauen ... was spricht dagegen? Dass die bedingungslose Unterwerfung unter einen Führer aber von Übel ist, muss man einem Deutschen – schließlich haben wir aus unserer Geschichte gelernt – nicht weiter erklären.

Seine Macht auszubauen und zu nutzen ist sicher hilfreich, aber wo allein die Macht regiert, wird es kalt, und das Glück macht sich davon.

Gut ist es, sich zurückhalten zu können, aber wer sich, die Zurückhaltung übertreibend, in sich selber einschließt, zieht sich gewissermaßen selbst aus dem Verkehr. Auf die Frage: Wer ist Ihr nächster Angehöriger? müssten manche ehrlicherweise antworten: Mein Smartphone. Digital sind wir Kontaktweltmeister, analog nimmt die Kontaktunfähigkeit, die eigentlich eine Beziehungsunfähigkeit ist, überhand.

Dass Arbeit ein Segen ist, muss nicht näher erklärt werden; dass man sich mit Arbeit umbringen kann, auch nicht.

Die Dinge, die man macht, möglichst gut machen, in allem gewissenhaft sein, Fehler vermeiden – wunderbar! Aber als Perfektionist lebt es sich schlecht, und den anderen geht man auf die Nerven.

Dasselbe gilt für die Ausübung von Kontrolle: Die Fäden möglichst immer in der Hand behalten, wer möchte das nicht! Genau planen, vorausberechnen, sich vor Überraschungen schützen … Aber zeigt sich das Leben nicht gerade da, wo etwas dazwischenkommt? Im Unvorhergesehen, in der Überraschung?

Schließlich die Vermeidung des Jetzt; auch dies eine Übertreibung. Lange bei uns selbst zu sein, halten wir nicht aus. Meistens beschäftigen wir uns mit dem, was auf uns zukommt, mit der Zukunft also, oder mit dem, was wir erlebt haben, mit der Vergangenheit; tausend Dinge gehen uns durch den Kopf; in der bewussten Gegenwart, im Hier und Jetzt, wo wir doch eigentlich das Glück erleben könnten, sind wir nur selten. Ganz auf uns zurückgeworfen empfinden wir oft nur Leere, und wir haben das Gefühl, die Decke falle uns auf den Kopf. Der *horror vacui* macht sich bemerkbar. Der Nebel der Langeweile breitet sich aus. Nichts wie weg! heißt die Devise. So versuchen wir uns abzulenken, uns zu beschäftigen, suchen Unterhaltung und Zeitvertreib. Wie von bösen Geistern gejagt, fliehen wir vor uns selbst. Selbstflucht und Jetztvermeidung stehen hoch im Kurs. Jede Menge Geld sind wir bereit, dafür springen zu lassen – und viele Menschen, Betriebe und ganze Industriezweige leben davon. Ablenkung und Unterhaltung sind gut; das Problem liegt auch hier in der Übertreibung.

Soweit die Rückblende auf die *Strategien zur Förderung des Unglücks.* Vielleicht muss ich nicht noch einmal eigens betonen, dass das mit der Förderung des Unglücks ironisch gemeint ist, aber manchmal hat man schon den Eindruck, als hätten wir die Vermeidung des Glücks zu unserer Lebensaufgabe gemacht. Ich selbst will mich da keineswegs ausnehmen: Alle diese Macken kenne ich von mir selbst. Und wenn ich mit einiger Ironie darüber spreche, so ist dies immer auch Selbstironie. Nebenbei: Die Selbstironie ist die einzige Form der Ironie, die ich für erträglich und zulässig halte. Bevor wir über die anderen herziehen, sollten wir immer uns selbst am Wickel nehmen.

Aber wie steht es nun um das **Glück**, das wir alle suchen?

Ich möchte im Folgenden zeigen, dass die Sache mit dem Glück etwas sehr Persönliches ist, und dass es oft gar nicht gut ankommt, wenn wir zu demonstrativ davon sprechen. Dann möchte ich die Bedeutung dieses Wortes genauer untersuchen. Wir werden sehen, dass ihm eine Mehrdeutigkeit anhaftet, die es für allgemeine Aussagen ungeeignet macht. Ich werde den Vorschlag begründen, das Wort Glück möglichst sparsam zu verwenden; es soll uns weniger um das Glück gehen, als darum, aus unserem Leben das Beste zu machen. Die seelischen Höhenflüge lassen sich nicht erzwingen; wichtiger scheint mir die innere Zufriedenheit zu sein. Schließlich möchte ich, als Hauptteil dieses Buches, zehn Wege beschreiben, wie wir uns diesem Ziel nähern können. Schritt für Schritt, gemeinsam mit Ihnen, möchte ich das Für und Wider der Wegbeschreibungen diskutieren.

Bei der Erwähnung, dass es zehn Wege sind, entlocke ich Ihnen vielleicht ein Schmunzeln. Von den Politikern kennen wir das ja. Wenn sie vor einem schwierigen Problem stehen, entwerfen sie mit Vorliebe – wohl auch um die eigene Ratlosigkeit hinter respektabler Geschäftigkeit zu verbergen – ein Zehn-Punkte-Programm; nicht neun, nicht elf Punkte müssen es sein, nein, zehn. Die Zahl zehn erinnert an die Zehn Gebote, also gottgegeben, in Stein gemeißelt, ewig. Ganz so heilig will ich die zehn Wege nicht auffassen; vielleicht gefällt Ihnen ein Punkt nicht, dann sind es eben neun, oder Ihnen fällt ein weiterer ein, dann sind es elf. An der Zahl zehn soll es ganz bestimmt nicht liegen.

Glück ist immer persönlich – zu viel darüber reden bringt Unglück

Das Gerede über das Glück kann einem gehörig auf die Nerven gehen. Glück ist intim. Gibt es etwas Peinlicheres, als wenn jemand erzählt, wie glücklich er ist? Positive Seelengeständnisse sind schwer zu ertragen. Nur bei besonderen Anlässen darf man das: Zum Beispiel beim Jubiläum der dreißigjährigen Betriebszugehörigkeit klingt es ganz gut, wenn der Jubilar sagt, er sei glücklich, in diesem hervorragenden Betrieb mit so vielen hervorragenden Mitarbeiterinnen und Mitarbeitern zusammenarbeiten zu dürfen. Weil jeder im Saal weiß, wie oft der Betreffende seinen Betrieb und seine lieben Mitarbeiterinnen und Mitarbeiter insgeheim verflucht hat, und weil man ferner weiß, dass er demnächst in den »wohlverdienten« Ruhestand treten wird, nimmt man ihm sein Glücksbekenntnis mit einem nachsichtigen Lächeln ab. Der Löffel Sahne sei ihm – und uns – gegönnt.

Auch bei der Goldenen Hochzeit sind, sofern kurzgefasst, Glücksbotschaften erträglich. Zwischen Suppe und Hauptgericht, nicht zu viel Sentimentalität, aber ein bisschen darf sein.

Im Alltag hören wir lieber vom Unglück. Das normale Unglück ist bodenständig; da fühlen wir uns daheim. Das Unglück, vor allem das der anderen, ist meistens bekömmlich. Entgegen anderslautenden Meldungen ist die menschliche Begabung für Mitleid doppelt so gut ausgeprägt als die für Mitfreude. Wenn ein Freund uns erklärt, dass er Pech gehabt hat, ist das interessant. Da hören wir gerne zu und wollen Näheres hören: Was ist passiert? Hat er Probleme am Arbeitsplatz? Hat sein Auto eine Schramme, er selbst, oder, was noch interessanter wäre, seine Ehe? Wir nehmen Anteil. Wir sind hilfsbereit und freuen uns, es zu sein. Wenn jemand uns ernsthaft und überschwänglich erzählt, wie glücklich er sei, hören wir weg oder üben uns in Geduld.

Wenn ein älterer Herr, seine jüngere Freundin im Arm, über die Straße tänzelt, lächelt man und sieht das Ende voraus.

Wenn eine junge Frau zum Neuen Jahr allen Freunden und Bekannten einen Brief schreibt und darin aufzählt, wie gut es ihr und ihrer Familie geht – man hat sich einen neuen BMW gekauft, einen dreiwöchigen Urlaub in Australien gemacht, zwei Wochenendausflüge an die Côte d'Azur, die Tochter spielt Klavier, und der Sohn ist Klassenbester – findet man als Empfänger dieses Rundschreiben fast etwas peinlich.

Das Glück scheut das Licht der öffentlichen Aufmerksamkeit; auch in der Nachrichtensendung kommt es so gut wie nicht vor. Nehmen wir folgendes Beispiel: Eine Frau ging mit einem jungen Mann während eines Gewitters spazieren. Zack, da hat ein Blitz die beiden erschlagen. Das ist eine Nachricht. – Eine Frau ging mit einem jungen Mann während eines Gewitters spazieren. Weil es zu regnen anfing, suchten sie in einer Hütte Zuflucht. Zack, da traf sie die Liebe wie ein Blitz ... Das ist keine Nachricht. Schön für die Beteiligten, aber nichts für die Tagesschau.

Ein Unglück ist eine Nachricht, ein Glück ist keine. Das geht so weit, dass manchmal an sich gute Nachrichten, um als Nachrichten durchzugehen, als schlechte getarnt werden müssen. So hörte ich vor wenigen Tagen folgende Meldung im Rundfunk: *In Deutschland gibt es immer weniger Falschgeld!* Auch das noch, denkt man unwillkürlich, sogar das Falschgeld ist weniger geworden! Arbeitsplätze gibt es immer weniger, Kinder gibt es immer weniger, die Einkommen sind rückläufig ... und jetzt sogar noch das Falschgeld! Zu allem Überfluss leiden wir jetzt noch an einem Mangel an Falschgeld! Die Ursache sei die Fahndungsintensität der Polizei ... Erst da dreht sich die Botschaft herum: Aha, das ist ja eigentlich ein Erfolg! Eine gute Nachricht also! Der Polizei ist es gelungen, den Falschgeldproduzenten und –vertreibern das Handwerk zu erschweren! So müsste die Botschaft lauten. Aber wen interessiert eine gute Nachricht? Tags darauf las ich in der

Zeitung: *Kaum Erfolg für Geldfälscher! Seit zwei Jahren geht die Zahl der Euro-Blüten in Deutschland zurück ...* Erst mehrere Zeilen später dann wieder der erklärende Satz: *Fahndungserfolge der Polizei gelten als Ursache für den Rückgang ...* – Eine Nachricht darf nur gut sein, wenn es gar nicht mehr anders geht. *Mit der Konjunktur geht es aufwärts!* Das ist zweifellos gut. Das ist sogar beruhigend und als Nachricht erfreulich. Aber wo, bittschön, bleiben die Probleme? Ein paar Zeilen später kommen die bestimmt; man muss nicht lange suchen. – Übrigens: Die einzigen, die gute Nachrichten gerne für sich in Anspruch nehmen, sind die Damen und Herren Politiker. Je mehr sie im Licht positiver Nachrichten strahlen (und uns langweilen), umso fleißiger suchen die Damen und Herren von der Presse nach den dunklen Stellen, was natürlich interessant, gut und wichtig, eine Art Ausgleich, ein wichtiger Beitrag zur Gesellschaftshygiene und ihre Aufgabe ist. Ein politischer Skandal hat einen höheren Unterhaltungswert als die Nachricht von annähernder Vollbeschäftigung.

Auch im privaten Bereich sind wir skeptisch, wenn jemand sich zu gerne und zu offen als Glückspilz präsentiert. Glück darf man nicht zu auffällig zeigen. Ich kenne einen freundlichen Mann, der, egal was passiert, immer freundlich lächelt. Er strahlt vor Glück und lächelt nach links und lächelt nach rechts. Er hat's zu was gebracht, familiär und beruflich ist alles im Lot, er sitzt in einem Aufsichtsrat, mischt in der Lokalpolitik mit und ist Vorsitzender eines Vereins – ehrenamtlich. Wo auch immer man ihm begegnet, er lächelt. Er spricht mit jedem gern ein paar Worte ... und lächelt. Die Sonne scheint ... und er lächelt. Es regnet ... und er lächelt. Bei Tag und bei Nacht scheint er zufrieden und glücklich zu sein. Die Leute, die ihm begegnen ... lächeln und nennen ihn hinter seinem Rücken *den Lächler*!

Ein Bekannter von mir, ein erfolgreicher Geschäftsmann, sonst eigentlich ein netter Mensch, hat die unangenehme Gewohnheit, zu gerne von seinen Erfolgen zu erzählen. Er trägt sein Glück wie ein süßliches Aftershave. Irgendwie muss er ständig die Verpflichtung spüren, andere mit seinen Glücksmitteilungen auch ein bisschen glücklich zu machen. Seine Reisen in fernste Länder sind überdimensional. Bereits im Grundschulalter wurde sein Töchterchen als Model für Kindermode engagiert, der Sohn treibt Leichtathletik und macht Musik (Klarinette), einfach gut (fast genial). Seine Frau ist hübsch und spielt, mit ihm zusammen, Golf. Wenn er mir – zum wievielten Male? – rät, an einem Schnupperkurs im Golfclub teilzunehmen, nehme ich Reißaus. Je mehr er mich mit seinen Mitteilungen aufheitern will, umso mehr verfinstert sich mein Gemüt. Je mehr er mich an seinem Glück teilhaben lässt, umso unglücklicher fühle ich mich. Schöner wäre es, mit dem Mann einfach über Gott und die Welt zu diskutieren, über das Böse in der Welt (oder über die Frauen) zu schimpfen und ein harmloses Bier zu trinken.

Bei zu viel fremdem Glück zuckt man unwillkürlich zusammen. Glück ist nur dann genießbar, wenn es das eigene ist. (Und dann sollte man besser nicht zu viel darüber reden.)

Manchmal stellt sich das Glück fast nebenbei ein: So schrieb ein Schüler seiner Mutter aus der Skiwoche, die er zusammen mit seiner Klasse im Kleinen Walsertal verbrachte: *Liebe Mama, es geht mir gut, und das Skifahren macht mir viel Spaß. Gestern aber hatte ich keinen guten Tag. Da habe ich ein Bein gebrochen. Zum Glück war es nicht mein eigenes.*

Wie tröstlich ist es doch, dass wir das Lachen nicht verlernt haben!

Aber jetzt wird es Zeit, dass wir die verschiedenen Bedeutungen des Wortes *Glück* genauer unter die Lupe nehmen.

Die Bedeutungen des Wortes – und warum es ratsam ist, nicht nach dem ganz großen Glück zu suchen.

Was sagt uns der normale Sprachgebrauch über das Glück?

Man kann sagen: Ich *habe* Glück. Oder: Ich *bin* glücklich. Zwei Dimensionen des Glücks: Haben und Sein.

Woran denkt man beim *Glück-Haben*? – Zunächst natürlich an den berühmten Sechser im Lotto, von dem wir alle träumen. Endlich wären wir alle (oder fast alle) Sorgen los! Von heute auf morgen hätten wir Millionen auf dem Konto! Ein Angestellter der Lottogesellschaft käme eigens vorbei um uns diskret zu beraten, denn so viel Geld will mit Umsicht in Empfang genommen und verwaltet werden. Er würde uns empfehlen, die Ruhe zu bewahren, mit niemandem, außer den engsten Familienangehörigen und besten Freunden, darüber zu sprechen … Vorsicht walten zu lassen! (Vielleicht sogar erst recht gegenüber Familienangehörigen und besten Freunden!) Wer von so einem Geldsegen in der Öffentlichkeit spräche, würde alle Habgierigen der Welt anlocken – und die Welt ist voller Habgieriger. Ein zu großer Spritzer Blut im Haifischbecken! – Aber trotz aller Risiken, wer würde diese Gefahren nicht bereitwillig auf sich nehmen? Der Sechser im Lotto wäre die Eintrittskarte ins Schlaraffenland, und davon können wir, die Nichtgewinner, nur träumen …

Schon etwas mühsamer aber immer noch schön ist es, wenn man das Glück hat, eine gute Arbeitsstelle gefunden zu haben. Oder, wenn man sich im Auto durch die Innenstadt quält, und sieht: da vorne ist ein freier Parkplatz! Auch dann sagt man: Glück gehabt!

Glück zu haben betont die Tatsache, dass mir etwas zufällt, das ich mir gewünscht habe, mit dem ich aber nicht mit Sicherheit rechnen konnte. Die günstige Fügung der Ereignisse kann ich einer höheren

Macht zuschreiben, dem Schicksal oder schlicht und einfach: dem Zufall. Da kann ich selbst nicht viel dafür tun. Gut, ich muss, wenn ich im Lotto gewinnen will, zuerst mal einen Lottoschein ausfüllen und abgeben; um eine gute Arbeitsstelle zu finden, benötige ich eine gute Ausbildung, und ich muss mich bewerben; um einen Parkplatz zu finden, muss ich ein Auto haben und einen Parkplatz suchen … Aber das Entscheidende kommt dann von außen – wie ein Geschenk.

Übrigens geht es beim Glück-Haben nicht immer darum, dass mir etwas Gutes, etwas Erwünschtes, in den Schoß fällt, es kann auch sein, dass ich etwas Schreckliches, etwas Unerwünschtes also, gerade noch vermieden habe, gewissermaßen mit heiler Haut davongekommen bin. Jemand verliert infolge überhöhter Geschwindigkeit die Kontrolle über seinen Wagen und landet sanft in einer Wiese. Glück gehabt, sagen wir dann. Oder er fährt gegen einen Baum und steigt mit einigermaßen heiler Haut aus dem Schrott: Was für ein Glück! sagen wir. Selbst wenn der Fahrer halbtot wäre, würde man vielleicht noch von Glück reden, denn es hätte ja noch viel schlimmer kommen können. Bereits hier merken wir, wie relativ die Sache mit dem Glück bestellt ist. Alles in allem keine sehr präzise Bezeichnung für etwas, das uns so wichtig zu sein scheint.

Diese Mehrdeutigkeit ist natürlich eine wahre Fundgrube für die Witzeerzähler!

Eine Kostprobe:

> »Ist es wahr«, sagt eine Frau zu ihrer Nachbarin, »dass Ihr Mann im Krankenhaus liegt, weil er letzte Nacht mit voller Wucht gegen das Garagentor gerast ist?« – »Ja,« antwortet die Nachbarin, »und dabei kann ich noch von Glück sagen, dass er den Wagen nicht dabeihatte.«

Über kurzsichtige Glücksformulierungen lachen wir gern:

»Unser Nachbar ist ein richtiger Glückspilz.«
»Warum?«
»Gestern hat er eine Unfallversicherung abgeschlossen … und heute fällt er vom Dach.«

*

Glücklicherweise hatte der Ermordete sein sonst zuhause aufbewahrtes Geld tags zuvor bei der Bank einbezahlt, so kam er mit dem Verlust des Lebens davon.

Betrachten wir jetzt das **Glücklich-Sein**: Wann **sind** wir glücklich? Drei verschiedene Antworten gibt es auf diese Frage:

Die erste Antwort lautet: **Glücklich sind wir dann, wenn unsere Wünsche in Erfüllung gehen.**

Was wir uns wünschen, erstreckt sich von der Befriedigung elementarer Bedürfnisse bis zu unseren höchsten Sehnsüchten: Essen und Trinken, ein Dach über dem Kopf, körperliche Sicherheit, Wärme (wenn's draußen kalt ist), was zum Anziehen, verlässliche emotionale Beziehungen, familiäre Geborgenheit, Freundschaft, Liebe, Zärtlichkeit, sexuelle Befriedigung, Macht, Ansehen, Geld (einen ganzen Sack voll Geld und damit die Möglichkeit, sich – fast – alles leisten zu können), aber auch die Welt erkennen, kreativ sein, sich durch Leistung beweisen und etwas aus sich machen … Erst wenn die elementaren Bedürfnisse befriedigt sind, treten die höheren auf den Plan, nicht umgekehrt. Erst wenn ich mit Nahrung versorgt und in Sicherheit bin, wenn ich mein Auskommen und den nötigen Freiraum habe, interessiere ich mich für das sogenannte Höhere. In Abwandlung von Bert Brecht könnte man sagen: Erst kommt das Fressen, dann kommt die Kultur.

Wer Hunger und Durst hat, ist glücklich, wenn er etwas zum Essen und Trinken findet.

Wer friert und kein Dach über dem Kopf hat, ist glücklich, wenn er in eine warme Stube kommt.

Wer bei großer Hitze ein kühles Plätzchen findet, ist glücklich.

Wer kein Geld hat, ist glücklich, wenn er Sozialhilfe (bzw. Hartz IV) erhält.

Wer Arbeit sucht, ist glücklich, wenn eine Firma ihm einen Zeitvertrag anbietet.

Wer im Fabrikgelände den Rasen mäht und die Abfalleimer leert, ist glücklich, wenn man ihm eine besser angesehene und besser bezahlte Arbeit zuweist.

Immer etwas mehr Geld haben, als man ausgibt, macht glücklich.

Jeder, der Geld hat, ist glücklich, wenn er mehr bekommt. Ein Sechser im Lotto ist der Inbegriff des Glücks.

Liebe macht glücklich.

Wer um einen Partner oder eine Partnerin wirbt (nach allen Regeln der Kunst »baggert«, wie man heute zu sagen pflegt), ihn oder sie herumkriegt, ist glücklich.

Versöhnung nach Streit macht (meistens) glücklich.

Wer seinen Schatz im Bett hat, ist glücklich; wer ihn vor den Standesbeamten kriegt, ist es normalerweise auch (mancher bzw. manche allerdings wird später behaupten, bis dahin sei er bzw. sie es gewesen ...).

Wer seine Scheidung gut hinter sich kriegt, ist glücklich.

Wer eine schwierige Aufgabe bewältigt, dafür Lob und Anerkennung erntet, ist glücklich.

Wer in Urlaub fährt, ist glücklich.

Wer sich einen kleineren oder größeren Rausch genehmigt, ist glücklich (wenigstens bis der Katzenjammer einsetzt).

Wer mit seinen Kumpels um die Häuser zieht und Spaß hat, ist glücklich.

Wer in einer fröhlichen Gemeinschaft einen schönen Abend verbringt, ist glücklich.

Wer ein feines Musikkonzert hört, (langweilt sich oder) ist glücklich.

Wer gut versorgt ist, freie Zeit hat, und sich seinen Hobbys widmen kann, ist glücklich.

Wer ein Buch über Selbstverwirklichung liest und für einen Augenblick meint, verstanden zu haben, was darunter zu verstehen ist, ist glücklich.

Wer in seinem Leben keinen Sinn findet und glaubt, einen gefunden zu haben, ist glücklich.

Wer vor einem Blatt Papier sitzt und über das Glück nachdenkt, ist, sofern ihm was einfällt, glücklich …

Wir sehen: Die Stufenleiter unserer Wünsche ist auch die Stufenleiter unserer Glücksmöglichkeiten. Besonders angenehm ist es, wenn man auf dieser Leiter nach oben steigt, unangenehm, wenn's abwärts geht. Aber auch wenn's aufwärts geht, macht sich Unruhe breit; denn, wie Wilhelm Busch sagt: *Ein jeder Wunsch, wenn er erfüllt, kriegt augenblicklich Junge* (Schein und Sein. Nachgelassene Gedichte, 1909). Das Glücksgefühl ist nicht lange haltbar, es löst sich auf, verflüchtigt sich. Hat man ein ersehntes Ziel erreicht und einen Anflug von Glück genossen, schon schmeckt die Sache, die man sich vorher erträumt hat, schal wie abgestandenes Bier. Man hat eine Prüfung bestanden, den Führerschein gemacht, das erste selbstverdiente Geld in der Tasche … und genießt dieses wunderbare Hochgefühl, das man Glück nennt. Doch dieses feine, erhebende Gefühl hat nur eine geringe Halbwertszeit; es zerfällt, zerbröselt, zerkrümelt … Wie ein Wassertropfen verdunstet es in der Mittagssonne – es ist vorbei. Um es wieder zu beleben, muss man die Wünsche erneuern, die Spirale etwas höherschrauben, sich ein größeres Ziel vornehmen, ein schöneres und teureres Auto kaufen, einen attraktiveren Partner (eine attraktivere Partnerin) finden, ein größeres Haus in Besitz nehmen, den Urlaub nicht mehr im Schwarzwald und auch nicht mehr auf Mallorca verbringen, sondern auf Hawaii, Tahiti oder auf einem Forschungsschiff in der Antarktis!

Je weiter oben man sich auf der Spirale befindet, umso höher möchte man hinauf, umso mehr muss die Angst verdrängt werden, wieder abzustürzen, umso gehetzter läuft man dem sich ins Unendliche steigernden Wunscherfüllungsglück hinterher, das sich, kaum hat man es ansatzweise erreicht, in Luft auflöst. Je fester und gewaltsamer man das Glück aber packen will, umso mehr entzieht es sich, umso ärmer – und unglücklicher – bleibt man zurück. So kommt es zu dem paradoxen Tatbestand, dass es für die Seelenlage offensichtlich nichts Gefährlicheres gibt, als vom Glück allzu sehr verwöhnt zu sein. Wer wenig hat, freut sich über das Wenige, das er hat, oft mehr, als der Reiche sich über seine Schätze jemals freuen kann. Sogar das Geld, sobald man sehr viel davon hat, trägt zum Glücklichsein nicht mehr viel bei. Wenn man alles hat, kann man nur noch alles verlieren. Auch wenn es uns schwerfällt, die Erfolgreichen, Schönen und Reichen dieser Welt, denen so viele Glücksgaben in den Schoß gefallen sind, wegen der darin verborgenen Unglücksgefahr zu bedauern, so kennen wir doch alle die traurigen Geschichten von den reichen Wirtschaftsbossen, den berühmten Schauspielerinnen und Schauspielern und erfolgreichen Sportlern, die schließlich in Drogen, Alkohol und Selbstmord enden. Solche Berichte werden immer gerne gelesen; ob da ehrliche Anteilnahme mitschwingt oder auch die klammheimliche Mischung aus Neid und Schadenfreude, sei dahingestellt. Es bleibt die Erkenntnis, dass mancher, der einen zu großen Schluck aus der Pulle des Glücks genommen hat, teuer dafür bezahlen muss. Zuviel Glück kann unglücklich machen.

Aber wie dem auch sei, es ist nicht zu leugnen: glücklich fühlen wir uns dann, wenn unsere Wünsche in Erfüllung gehen. Aber je mehr man hat, umso mehr meint man zu brauchen. Das Wunscherfüllungsglück macht süchtig. Um zu zeigen, wie relativ das Glück ist und dass man das, was man hat, je nachdem als ausreichend oder als zu wenig erleben kann, sind drastische Belehrungen erforderlich; wie z. B. in dieser Geschichte:

Ein armer Mann kommt zum Rabbiner: »Es ist nicht mehr auszuhalten. Ich, mein Weib, vier Kinder und meine Schwiegermutter wohnen in einem Raum.«

Der Rabbi rauft sich den Bart, schreitet auf und ab und fragt: »Hast du Hühner?«

»Sechs.«

»Nimm sie mit in euer Zimmer!«

Der Mann verfärbt sich, wagt nicht zu widersprechen und tut, wie ihm geheißen. Nach acht Tagen ist er wieder da: »Die Hühner machen alles dreckig, sitzen auf dem Tisch und den Betten. Wir kommen um.«

Der Rabbiner schreitet auf und ab, bleibt stehen und fragt: »Hast du noch andere Tiere?«

»Eine Ziege. Aber um Gottes willen …«

»Nimm sie mit in euer Zimmer!«

Gebrochen schleicht der arme Mann davon. Und gehorcht. Nach acht Tagen steht er abermals vor dem Rabbiner, ringt die Hände und bittet um Hilfe.

»Du hast noch ein Kalb?« fragt der Rabbi.

»Ja!« schreit der Arme.

»Hol es in euer Zimmer!«

Schweigend geht der Mann, folgt dem Auftrag und kehrt nach zwei Tagen zurück: »Wir sind am Ende! Wir bringen uns um.«

»Gut«, spricht der Rabbi. »Stecke Hühner, Ziege und Kalb wieder in den Stall!«

Der Mann eilt nach Hause, entlässt das Vieh aus der Wohnung und verkündet am nächsten Tag freudestrahlend: »Wie im Himmel, Rabbi! Platz haben wir, sauber ist es, und jeder kann sich frei bewegen.« (Aus Eberhard Puntsch: Witze, Fabeln, Anekdoten. München 1976.)

Was als Glück oder Unglück empfunden wird, ist für uns Menschen individuell verschieden und hängt auch von der Situation ab, in der wir uns befinden. Die unterschiedliche Perspektive kann zu lustigen Szenen führen:

Eine Frau klagte dem Rechtsanwalt ihr Leid. »Aber, wenn das so schlimm ist«, sagt der Rechtsanwalt, »dann reichen Sie am besten gleich die Scheidung ein.«
»Aber das kommt überhaupt nicht in Frage«, protestiert die Frau, »zwanzig Jahre lang habe ich ihn ertragen, jetzt will ich ihn auch nicht mehr glücklich machen!«

Aber Spaß beiseite, halten wir fest: Auch wenn das erstrebte Glücksgefühl nicht besonders haltbar ist, glücklich sind wir im Allgemeinen dann, wenn unsere Wünsche in Erfüllung gehen. Dass die Wünsche individuell verschieden, von der Situation und vom Lebensalter abhängig sind, versteht sich von selbst. – Der Sechser im Lotto, der mit einem Schlag alles verändert, und vielleicht wieder nur zu neuen, unstillbaren Sehnsüchten führt, ist selten. In Erfüllung gehen (wenn man Glück hat) meistens nur unsere kleinen und mittelgroßen Wünsche, und deren Erfüllungserlebnis muss noch nicht sehr berauschend sein. Man hat sich z. B. verspätet, hofft, noch gerade rechtzukommen, und schafft es mit knapper Not. – Oder man wünscht sich, dass der Vorgesetzte einen bei der Verteilung der Aufgaben übersieht, oder, im Gegenteil, einen mit einer bestimmten Aufgabe – es soll auch Lieblingsaufgaben geben – betraut … Oder man hat bei eBay auf einen Gegenstand, den ein anderer unbedingt los sein will, gesteigert und … eins, zwei, drei …, erhält man den Zuschlag. Natürlich, wenn all das passiert, freut man sich, vielleicht lächelt man auch ein bisschen, oder stößt sogar einen dezenten Jauchzer aus, aber ist man deshalb schon wirklich glücklich? Kleine Erfolge heben die Laune. Vielleicht stellt sich nur ein laues Gefühl des Behagens ein, das Gefühl, dass alles trotz kleiner Widrigkeiten so läuft, wie man möchte. Ein Bayer sagt in solchen Fällen: *'s passt scho!* Aber sieht so das große Glück aus, nach dem angeblich jeder sich sehnt? Dieses Alltagsglück schmeckt manchmal doch etwas fad. Sorglose Mittelmäßigkeit, ist diese schon Glück?

Deshalb lautet die zweite Antwort: **Glück ist das absolute Hochgefühl.** Glücklich bin ich, wenn das Außerordentliche passiert. Ein leiblich-seelischer Ausnahmezustand, verwandt dem Rausch und der Ekstase. Dem grauen Alltag für einen Augenblick enthoben … ein Flug über den Wolken: das Glück ist jenes ganz besondere Erleben, jener große Augenblick, den man für immer festhalten möchte, was natürlich nicht geht, und gerade dieses Nicht-festhalten-können macht den melancholisch-dunklen Hintergrund, auf dem das Glück umso heller strahlt … das Glück, das uns immer vorschwebt und das wir so selten (oder nie) in voller Ausprägung erfahren. Doch schon die Ansätze sind eine Wucht: man erhascht, wenn man Glück hat, einen Schimmer und sehnt sich nach mehr. Glück in der Liebe (sehr gut), Glück im Spiel (nicht so gut, aber auch nicht schlecht), Glück in der Bewältigung einer schwierigen Aufgabe (das Glück des Tüchtigen).

    Alles große Glück, schreibt Theodor Fontane, *ist ein Märchen …* (In: *Frau Jenny Treibel*).

So schön es ist und so feierlich es einen stimmt, über das ganz große Glück nachzudenken und bei diesen Gedanken zu verweilen, schon erhebt sich eine kritische Stimme. Und sie ist außerordentlich hartnäckig. In meiner beruflichen Sichtweise, der eines *Suchttherapeuten*, sind die großen Gefühlsaufwallungen immer verdächtig; die Erfahrung zeigt: jeder Rausch kostet Geld und endet im Katzenjammer. In irgendeiner Form müssen wir für unsere Wolkenflüge bezahlen. Die guten Ekstasen, die eine verträgliche oder sogar gestärkte Rückkehr ins normale Leben erlauben, sind selten. Natürlich, wir Menschen brauchen unsere Highlights, sonst verlieren wir schnell die Lust. Die Suche sei wichtiger als das Finden, sagt man. Zu schnell wird der Alltag grau, öde, langweilig, trist. Nichts kann toter sein als eine tote Hose. Langeweile ist der Gegenpol des großen Glücks: So wie das große Glück gesucht, so wird die Langeweile gemieden. Die Langeweile ist eine dunkle Wüste, der man, um nicht gänzlich zu vertrocknen, so schnell wie möglich entkommen muss. Wer länger, als er aus irgendwelchen Gründen unbedingt muss, in dieser Wüstendunkelheit verweilt, ist selber schuld. Mit ein bisschen Fantasie und Geld sind kleinere und größere Aufschwünge jederzeit möglich.

Wenn man wissen will, was das Glück ist, muss man die Werbung betrachten. Gut studieren lässt sich das Glück auf Hochglanzpapier, bequemer noch im Fernsehen. Man zappt durch die Kanäle und ahnt etwas von dem großen Glück, das sich mit dem Kauf der verschiedenen Produkte verbindet: die große weite Welt, der Glanz der Schönheit, die Zugehörigkeit zu den Erfolgreichen und Berühmten, ein gutes Gewissen, ein super Feeling, Gesundheit, Erotik, Lebendigkeit, Prestige und jede Menge Spaß.

Auch die Leute von der Unterhaltungs- und Reiseindustrie, die davon leben, uns die wirksamsten Gegenmittel gegen die Langeweile anzubieten, lassen sich nicht lumpen: Reisen, Abenteuer, Hochseefischen, Südseetauchen, Fallschirm- und Bungeespringen, Paragliding, Canyon-Rafting … Mit einiger Anstrengung lässt sich leicht die jeweils erträglichste individuelle Mischung aus Rausch und Katzenjammer erzielen.

Wie also steht es um das Glück als absolutes Hochgefühl?

Bevor wir uns im Hin-und-her-gerissen-sein zwischen Rausch und Katzenjammer verlieren, ist es vielleicht angebracht, einige Experten zu Rate zu ziehen. Dabei denke ich in erster Linie an die Philosophen der griechischen und römischen Antike, die sich immer auch mit der Frage beschäftigt haben, wie wir uns zu den lustvollen Hochgefühlen verhalten sollen. Beherrschung, inneres Gleichgewicht, Unerschütterlichkeit und Besonnenheit galten ihnen als höchste Werte. *Denn den Menschen wird Wohlgemutheit zuteil durch Mäßigung der Lust und des Lebens rechtes Maß. Mangel und Überfluss dagegen pflegt umzuschlagen und große Bewegungen in der Seele zu verursachen …,* lesen wir bei Demokritos (460 / 459 – 371 v. Chr. – Zitiert aus: Fragmente der Vorsokratiker).

Glückseligkeit ist die der Tugend gemäße Tätigkeit der Seele …, heißt es in der *Nikomachischen Ethik* des Aristoteles (384 – 322 v.Chr.) Erst indem der Mensch die Welt betrachtet, seine Weisheit, seinen Verstand und seine Klugheit betätigt, ist er, da diese Vermögen ihn vor allen anderen Lebewesen auszeichnen, wirklich Mensch. Genießen kann der Denkende das höchste Glück in der Gemeinschaft mit anderen Philosophen, die mit ihm in Freundschaft zusammenleben. Auch lesen wir bei Aristoteles: *Nicht dem Vergnügen, der Schmerzlosigkeit geht der Vernünftige nach.* Das wirkliche Glück gehört nicht den Lustsuchern, sondern den Vernünftigen und Genügsamen. *Wenn jemand dem Übermaß der Lust nachjagt, … ist er ein zuchtloser Mensch.*

Was zu viel ist, ist immer vom Übel, heißt es bei Seneca (1- 65 n.Chr. – *Von der Gemütsruhe*). Es gehe darum, die Gaben des Glücks zu genießen, ohne ihnen zu frönen, das höchste Glück sei die seelische Harmonie.

Kommt zu einem schmerzlosen Zustand noch die Abwesenheit der Langenweile, so ist das irdische Glück im Wesentlichen erreicht: denn das übrige ist Chimäre, schreibt Arthur Schopenhauer (1788 – 1860) in den *Aphorismen zur Lebensweisheit* und folgert: *Man hätte viel gewonnen, wenn man durch zeitige Belehrung den Wahn, dass in der Welt viel zu holen sei, in den Jünglingen ausrotten könnte …* Schopenhauer beruft sich auf Voltaire: *Das Glück ist nur ein Traum, und der Schmerz ist wirklich.*

In seinem Hauptwerk, *die Welt als Wille und Vorstellung,* hatte Schopenhauer ausgeführt, dass das Leiden dem Leben wesentlich sei. Folglich gibt es *nur einen angeborenen Irrtum, und es ist der, dass wir da sind, um glücklich zu sein* (*Die Welt als Wille und Vorstellung*, II, Kap 49).

In dieser Tradition steht auch Sigmund Freud (1856 – 1939); in *das Unbehagen in der Kultur* lesen wir: … *die Absicht, dass der Mensch »glücklich« sei, ist im Plan der »Schöpfung« nicht enthalten. Was im strengsten Sinne Glück heißt, entspringt der eher plötzlichen Befriedigung hoch aufgestauter Bedürfnisse und ist seiner Natur nach nur als episodisches Phänomen möglich. Jede Fortdauer einer vom Lustprinzip ersehnten Situation ergibt nur ein Gefühl von lauem Behagen; wir sind so eingerichtet, dass wir nur den Kontrast intensiv genießen können, den Zustand nur sehr wenig.* Freud fügt in einer Anmerkung Goethes Mahnung an: *Nichts ist schwerer zu ertragen als eine Reihe von schönen Tagen …,* bemerkt dann allerdings: *Das mag immerhin eine Übertreibung sein.* (Eine kleine Einschränkung, für die wir Glücksucher ihm dankbar sind.)

Unsere zweite Antwort auf die Frage nach dem Glück endet also in einer Unsicherheit: Wenn unter Glück das absolute Hochgefühl zu verstehen ist, hat es dann wirklich Bestand? Sollte man mit der Suche nach großen seelischen Aufschwüngen nicht vorsichtig sein? Ist das Glück, wie Schopenhauer meinte, nur ein Wahnbild, oder, in der Freud'schen Diktion, nur ein episodisches Phänomen als Folge plötzlicher Befriedigung hoch aufgestauter Bedürfnisse, über längere Zeit nicht aufrechtzuerhalten und im Plan der »Schöpfung« (die Freud als erklärter Atheist natürlich in Anführungszeichen setzt) so auch nicht vorgesehen?

Wenn ich solche Sätze lese – und auch in den Spiegel schaue, d. h. meine eigenen (spärlichen) Erfahrungen überprüfe – denke ich: So redeten und reden alte Männer über das Glück. Das, was sie als lustvolle Hochstimmung vielleicht nicht mehr erleben können, wird zur Chimäre, zum kleinen Lustunfall der Schöpfung. Sollten wir das Glück nicht wenigstens als Möglichkeit, als Zielvorstellung und Wunschtraum beibehalten? Und sollten wir die Idee des großen Glücks nicht fairerweise der Jugend überlassen, anstatt vorschnell uns zu bemühen, es ihnen als Wahn- und Trugbild auszutreiben? – Andererseits: Das, was alte Männer sagen, muss nicht unbedingt falsch sein, nur, weil die Männer alt sind, die es sagen. Je älter man wird, umso mehr sieht man (hoffentlich) über den Augenblick hinaus. Sicher gibt es so etwas wie »Lebenserfahrung«; gemeinhin versteht man darunter die Summe der gemachten Fehler, verbunden mit einer Ansammlung von Vorurteilen, die man im Laufe seines Lebens übernommen hat. Trotzdem, je höher der Berg an Lebenserfahrung geworden ist, umso kritischer (vielleicht auch voreingenommener) wird der Blick, den wir auf die Lebenslandschaft werfen. Je klarer und weiter wir sehen (oder zu sehen glauben), umso vorsichtiger werden wir in der Beurteilung der großen Glücksmomente, und umso mehr Gefallen findet vielleicht die folgende österreichische Glücksgeschichte, die ich in einer Witzesammlung gefunden habe:

Eine Fee erscheint einem Bauern und sagt zu ihm: »Du hast drei Wünsche frei.«
Der Bauer ist glücklich: »Ich will ein Prinz sein!«
Zack, er steht in Galauniform da, vom Scheitel bis zur Sohle ein Prinz.
»Ich will ein Schloss haben!«
Zack, er steht in dem reich ausgeschmückten Saal eines großen, wunderschönen Schlosses.
»Ich will eine schöne Frau an meiner Seite!«
Geht die Türe auf, eine wunderschöne Prinzessin kommt herein und sagt: »Komm, Franz Ferdinand, wir müssen los, sonst kommen wir zu spät nach Sarajewo!« – (Und die wunderschöne Prinzessin konnte zum damaligen Zeitpunkt nicht wissen, dass Franz Ferdinand und sie selbst in Sarajewo erschossen werden würde.)

Um zu wissen, ob das Glück ein Glück ist, muss man auf das Ende sehen.

Fest steht: Das Glück als absolutes Hochgefühl ist selten und, falls es sich doch einmal zeigt, zwar umwerfend, aber von vorübergehender Erscheinung. Dass dies so ist, mag, in der Sprache Freuds, an unserem »psychischen Apparat« liegen, der das Glückserleben nur als episodisches Phänomen zu produzieren in der Lage ist; ein wesentlicher Grund liegt jedoch in unserer existenziellen Verfassung: Bedroht von Unfällen, Krankheiten, finanziellen, ökologischen, sozialen und politischen Katastrophen leben wir auf ein Ende zu, das alles andere als *happy* ist. Je weiter man über den Augenblick hinaussieht, umso mehr drängen sich die negativen Möglichkeiten ins Bild; was als vordergründige Sicherheit in Erscheinung tritt, beruht auf einem Abgrund an Unsicherheit; hinter jeder Erscheinung steht schließlich, als ihre Negation, der Tod. Wie soll ein Mensch unter diesen Umständen zu größeren Glücksaufwallungen fähig sein? Wie muss ein Mensch beschaffen sein, der trotzdem absolute Hochgefühle erlebt? Müsste er nicht extrem kurzsichtig sein? Müsste er nicht in der Lage sein, seinen Verstand, sofern vorhanden, temporär außer Kraft zu setzen? Muss er dazu die Hilfe von Drogen in Anspruch nehmen, sich einer Sekte verschreiben, sich einem Guru unterwerfen, sich selbst vergessen, gläubig, heilig, verrückt, dumm – oder weise sein?

Was würde ein junger Mensch zu diesen alles andere als frohgemuten, nein, eher pessimistischen Glücksüberlegungen sagen? Eine Philosophie für Grauhaarige? Eine Sammlung von Grufti-Theorien? Saure-Trauben-Politik?

Ach was, höre ich den Einwand eines Jugendlichen:

Was interessiert mich dein Scheiß-Glück? Mann, ein bisschen Spaß will ich haben, mit ein paar Leuten um die Häuser ziehen, auf den Putz hauen, einen spannenden Film angucken, Musik hören, oder gemütlich – bei einer Flasche Bier – durch siebzig Kanäle zappen. »Freundschaft«, »Liebe«, mach keine großen Worte … Aber zusammen etwas auf die Beine stellen, für eine Sache kämpfen und den Alten zeigen, wo's langgeht, das tut gut. Ein bisschen Sport will ich treiben oder zusehen, wenn's andere tun, mein iPad streicheln, meiner Freundin eine SMS schicken, cool sein, Sex haben und jede Menge – Spaß.

Das große Glück oder ein bisschen Spaß?

Der Gedanke an das Glück hat etwas Verheißungsvolles; schön wie ein Sonnenaufgang an einem Sommermorgen, tröstlich wie ein lustiger Traum (und lustige Träume sind bekanntlich selten). Was ist das Glück? Ein rares Gut, ein Geschenk, ein leeres Versprechen, ein feiner Luxusartikel, erstrebenswert und oft teuer bezahlt?

Die einzige Erkenntnis, für die ich Gewissheit beanspruche, ist die paradoxe Tatsache, dass es gerade die angestrengte Suche nach dem ganz großen Glück ist, die mit Sicherheit unglücklich macht. Auch von Fortuna kann man die leidenschaftlichen Küsse nicht erzwingen. Je mehr ich dem großen Glück nachjage, umso unglücklicher werde ich sein: Die Anstrengung verdirbt es, die Übertreibung macht es kaputt, das Nicht-genug-kriegen verkehrt es ins Gegenteil. Viel mehr als die uns bekannte Mischung aus Glück und Unglück ist vermutlich nicht zu haben. (Aber auf das Mischungsverhältnis kommt es an!)

Wir fragten: Wann **sind** wir glücklich?

Die dritte Antwort lautet: **Glücklich sind wir, wenn wir zufrieden sind.**

Ist das der Weisheit letzter Schluss: Sich bescheiden mit dem, was man hat? Nicht mehr sein wollen, als man ist? Nicht mehr haben wollen, als man besitzt? Lieber weniger brauchen, als viel haben? Sich mit dem begnügen, was machbar ist und – zufrieden sein?

Achtung, jetzt wird's langweilig! … denkt der Leser vielleicht. Ist das Zufriedenheitsglück nicht eine ziemlich dürftige Angelegenheit? Nein, ganz und gar nicht. So wie es, richtig betrachtet, nichts Spannenderes gibt als den Alltag, so gibt es auch nichts Interessanteres als diese alltägliche Mischung aus Unzufriedenheit und Zufriedenheit, die für uns Menschen erreichbar ist. Viel mehr ist meistens nicht drin, aber keine Frage, dieses Gemenge ist genau das, was als Glück erlebt werden kann. Die Betonung liegt auf »kann«. Auch wenn das Glück der Zufriedenheit vielleicht nicht gerade ein Highlight ist, etwas ist doch an ihm dran. Auf jeden Fall lohnt es sich, ihm auf der Spur zu bleiben.

Neulich traf ich ein Ehepaar, das ich seit längerer Zeit nicht mehr gesehen hatte. Wir begrüßten uns, und ich stellte die Höflichkeitsfrage, wie es gehe. Darauf antwortete der Mann mit einem kleinen Lächeln: »Wir haben uns entschlossen, zufrieden zu sein.« Wir lachten, und ich schaute die beiden an, wie dieser Satz wohl gemeint sei. Mein Bekannter ist schon seit ein paar Jahren im Ruhestand; ich weiß von ihm, dass er mit seiner materiellen Situation immer unzufrieden war und der Alkohol lange Zeit sein bester Freund gewesen ist; dazu kommen gesundheitliche Probleme. Mittlerweile hat er eine große Operation hinter sich und zwei kleinere vor sich; die Frau, etwas grau und abgehärmt, scheint zu ihm zu stehen. »Was nützt es, wenn man jammert?« sagte sie. »Man muss mit dem zufrieden sein, was man hat, und schenken tut einem keiner was.« Da haben Sie recht, sagt man, wenn man so etwas hört. Eine Redensart passt zur anderen.

Die Haltung, die dieses Paar ausstrahlte, war verblüffend, auch wenn ich der demonstrativ dargebotenen Zufriedenheit, die interessanterweise als Produkt einer Entscheidung dargestellt wurde, nicht ganz traute. »Wir haben uns *entschlossen*, zufrieden zu sein.« Also: Wir haben eine Entscheidung getroffen: jetzt sind wir zufrieden! Mehr fordern wir nicht, mehr wollen wir nicht. Wir haben uns entschlossen … Diese Formulierung beeindruckte mich. Da steckt viel Wahrheit darin. Vermutlich ist es tatsächlich so: Irgendwann muss ich mich entscheiden, ob ich mich weiterhin für all das bemitleiden will, was ich von meinen Eltern, meinen Chefs und der ach so garstigen Umwelt *nicht* bekommen habe, ob ich weiterhin all dem nachtrauere, was ich selbst *nicht* erreicht, vielleicht erreicht, aber dann wieder verloren habe … oder ob ich mich schließlich mit dem zufrieden gebe, was ich *jetzt* habe und was ich *jetzt* bin. Um diesen Punkt zu erreichen, braucht es Einsicht und Entschlusskraft, also Reife. So ist es: Ich kann nur *an diesem einen Punkt* glücklich sein, nämlich genau da, wo ich jetzt bin … Jeder Vergleich mit anderen, die es besser getroffen haben, macht unzufrieden, neidisch und … unglücklich. – Trotzdem, ein resignativer Unterton war in dem Satz – »wir haben uns *entschlossen*, zufrieden zu sein«- nicht zu überhören. Alles hätte ja auch besser kommen können. Wurde hier die Enttäuschung schön übermalt? Zeigte das Lächeln nicht eine Spur von unterdrückter Traurigkeit?

Eine andere Geschichte fällt mir ein. Vor vielen Jahren, kurz vor Abschluss meines Studiums und vor dem bereits etwas überfälligen Eintritt ins Berufsleben, verbrachte ich zusammen mit meiner Frau, damals noch »Freundin«, einen ersten Urlaub in Italien. Zur Erholung entschlossen genossen wir Sonne, Meer und diese ganz besondere italienische Lebensart, die der verkrampften deutschen Seele immer schon gut getan hat. Vermutlich war uns die ehrgeizige Anspannung kurz vor Abschluss des Studiums und die noch größere, die die Stellensuche und der Beginn des Berufslebens mit sich bringen würden, gut anzusehen. Nach einem schönen und erholsam-langweiligen Tag am Strand sahen wir eines Abends einer Gruppe von einheimischen Männern zu, die ein großes Netz ins Meer warfen und dieses nach einiger Zeit mit vereinten Kräften wieder an Land zogen. Ich spürte, dass es ihnen weniger um die paar winzigen Fische ging, die in den Maschen zappelten, sondern um das Vergnügen an der Tätigkeit als solcher. Schon etwas italienisch akklimatisiert, stellte ich mich ungezwungen in die Reihe der Männer und half, das Netz aus dem Wasser zu ziehen. Mit lauter Stimme gab jemand die Kommandos: uno, due, tre … Und wieder von vorne: uno, due, tre … Kaum war die Arbeit getan, drehte sich der Mann, der direkt vor mir am Netz gezogen hatte, eine gemütlich-wohlbeleibte Erscheinung, zu mir um und sagte mit einem ernsten Lächeln zu mir: »*L'uomo contento, il cielo aiuta.*« Mit meinen spärlichen Latein- und Italienischkenntnissen und im Lexikon nachschlagend übersetzte ich: *Wenn der Mensch zufrieden ist, hilft der Himmel*. Das saß. Nichts ahnend, nur zum Zeitvertreib, wollte ich ein bisschen beim Fischen mithelfen. Ein bisschen so tun, als ob ich dazugehörte. Und plötzlich ein solcher Satz!

Im Märchen ist gelegentlich von verzauberten Fischen die Rede, die einen Ring verschluckt haben. Der brave Fischer, der allen Versuchungen widerstanden hat und gottesfürchtig seinem Tagewerk nachgeht, findet ihn im Magen des Fisches und staunt … Als einen solchen Zauberfisch und Zauberring habe ich den harmlos klingenden Satz empfunden: *Wenn der Mensch zufrieden ist, hilft der Himmel*. Dieser Satz war ganz speziell zu mir gesagt, und ich habe ihn angenommen wie ein Geschenk.

Wenn der Mensch zufrieden ist, hilft der Himmel!

Was heißt das?

Du sollst nicht dem ganz großen Glück nachjagen, sondern mit dem zufrieden sein, was du hast.

Du sollst nicht auf das schauen, was du nicht hast, sondern auf das, was du hast.

Du sollst dir nicht vorstellen, wie es wäre, wenn du das oder jenes hättest, sondern wie es wäre, wenn du das, was du hast, verlieren würdest.

Du sollst dich nicht mit dem vergleichen, der mehr hat als du, sondern mit dem, der schlechter dran ist.

Du sollst den jetzigen Augenblick, die letzten Strahlen der untergehenden Sonne, das Meer, das gemeinsame Fischen mit Freunden und einen Schluck Wein genießen.

Und wenn du zufrieden bist, hilft der Himmel; dann läuft alles gut für dich zusammen …

So weit, so gut. Mit diesen durch und durch lieb gemeinten Sätzen befinden wir uns wieder im breiten Strom philosophischer und altkluger Meinungen, deren fromme Gediegenheit mir außerordentlich gefällt, mich aber auch chronisch misstrauisch macht. Bevor wir das Hohe Lied der Zufriedenheit weiter singen, sollten wir doch etwas genauer nachfragen: Ist die Zufriedenheit in jedem Fall zu empfehlen? Wo kämen wir hin, wenn wir immer zufrieden wären?

Nein, ich denke, die Zufriedenheit ist keineswegs immer zu empfehlen; mindestens drei Arten der Zufriedenheit sind zu unterscheiden:

die unangebrachte
die graue
und die lebendige (Das ist natürlich die, um die es uns geht.)

Unangebracht ist die Zufriedenheit dann, wenn jemand, der eigentlich mehr leisten könnte, wofür er sich allerdings anstrengen müsste, sich vorschnell mit dem zufriedengibt, was er erreicht hat. Es gibt immer Menschen, denen ein kleiner Erfolg genügt, um sich, von unbeschwerter Freizeit träumend, mit dem abzufinden, was sie geleistet haben. Genügsame Lebenskünstler sollten wir gelten lassen; aber oft geht die unangebrachte Zufriedenheit Hand in Hand mit der fordernden Unzufriedenheit der Umwelt gegenüber, von der man versorgt sein will: Die Eltern oder die Gesellschaft, jede Institution, die materielle Güter zu vergeben hat, soll, bittschön, für mich sorgen! Die Aufgabe, für mich selbst zu sorgen, ist eine Zumutung. Ich selbst, sagen sich Leute dieser Art, bin mit der Bewältigung meines Menschseins vollauf ausgelastet. Meine bloße Existenz ist ein Fulltime-Job. Arbeiten und sich plagen und mich versorgen sollen die anderen.

Nicht nur unangebracht, sondern eine Gemeinheit wäre es aber, Zufriedenheit von demjenigen zu fordern, der zu kurz gekommen ist, übervorteilt und ausgebeutet wurde, der nie eine reelle Chance hatte und eigentlich jeden Grund hätte, mehr für sich zu beanspruchen. Was für eine Grausamkeit, ihm Zufriedenheit zu predigen und von ihm zu verlangen, sich gefälligst zufrieden zu geben! Der Singsang der frommen Bescheidenheit ist in diesem Falle ein zu billiger Trost und mehr als unangebracht, er ist ein Hohn!

Grau ist die Zufriedenheit dann, wenn sie nur auf müder Resignation basiert: *Ma muss halt z'friede sei! G'schenkt kriegt koiner was. So isch's halt … usw.*

Über dem Küchentisch hängt vielleicht der Spruch: *Ganz wie du willst, Liebling, nur Friede!*

Oder: *Mach es wie die Sonnenuhr, zähl die heit'ren Stunden nur!*

Die verzweifelten Positivdenker machen sich einen Sport daraus, aus jeder noch so großen Beeinträchtigung, Übervorteilung und Kränkung durch kleine Umdeutungskunststücke einen Sieg zu machen; vielleicht scheuen sie die Auseinandersetzung, aber sie wollen zeigen, dass sie Herr der Lage und zufrieden sind.

Den Sanftmütigen wurde immer schon zu viel versprochen.

In Analogie zu den Müllschluckern, in die man alles wirft, was entsorgt werden muss, kann man die Experten der grauen Zufriedenheit als *Frustschlucker* bezeichnen. Sie sammeln das Leid und anstatt sich zu pflegen, pflegen sie ihr gesammeltes Leid. Bereit, mit einem süßsauren Lächeln jede Schuld auf sich zu nehmen, bieten sie sich an, auch dann noch tapfer Zufriedenheit zu demonstrieren, wenn es ihnen alles andere als gut, nämlich dreckig geht. Sie schlucken und lächeln, schlucken und lächeln … und sind (scheinbar) zufrieden. Nein, sie sind es nicht. Eine überzeugende Maske ist die graue Zufriedenheit nicht.

Wie sieht **lebendige** *Zufriedenheit* aus?

Soviel ist sicher: Sie ist ein seltenes Gut, nicht weniger rar als die ganz großen Glücksgefühle, eher als Ziel zu beschreiben, dem man sich mehr oder weniger nähern kann, nicht aber als sicheren Zustand, den man ein für alle Mal erreicht haben könnte. Absolute Zufriedenheit gibt es nicht; immer bleibt ein Stachel, der uns nach vorne treibt. Sei es die Langeweile, die das Erreichte erweckt, sei es das Verlangen nach dem Unerreichten, oder die Sehnsucht nach dem Unerreichbaren. Trotzdem, es ist nicht zu leugnen, es gibt Menschen, die relativ zufrieden durchs Leben gehen, die das Auf und Ab von Freud und Leid, von Glück und Unglück mit Gelassenheit ertragen.

Doch Vorsicht! Sieht diese feine Art der Zufriedenheit nicht aus wie eine Zielvorstellung, die uns zwar eine Richtung weisen soll, aber mit schönen Worten den Blick für die Wirklichkeit trübt? Ich empfehle dem Leser – in seinem eigenen Interesse – auf der Hut zu sein. Gerade in wirtschaftlich schwierigen Zeiten kommen die Prediger aus allen Ecken. Ein richtiger Verschönerungskünstler ist in der Lage, auch eine mittelprächtige Misere noch romantisch zu verklären: Wenn die Arbeit verloren ist, hast du Zeit für das Wesentliche! Wenn der Partner (oder die Partnerin) das Weite suchte, jetzt hast du die Gelegenheit für einen Neuanfang! Ist das Geld zum Teufel, wird der Blick frei für die wahren Werte! *Krise als Chance*, lautet das Schlagwort. Mit einiger Mühe lässt sich der schlimmsten Notlage noch ein Sinn abgewinnen. Deshalb ist Vorsicht geboten! Die grundsätzliche Unsicherheit, die daher rührt, dass zu viele Leute aus unterschiedlichen Motiven Zufriedenheit predigen, darf nicht überspielt werden.

Wie immer: Misstrauen ist angebracht!

Ich fasse zusammen:

Das Wort »Glück« ist mehrdeutig; es beinhaltet Verschiedenes. Es ist immer mit subjektiven Bewertungen verbunden und für allgemeine Aussagen nicht zu gebrauchen. Glück scheint sich als Ziel nicht zu eignen; wenn überhaupt, stellt es sich gewissermaßen nur nebenbei ein.

Besser als nach dem ganz großen Glück zu suchen, wäre es, zu versuchen, aus seinem Leben das Beste zu machen.

Aber was heißt das konkret?

Was ist das Beste?

Auch das Beste ist immer nur das Beste für mich. Niemand lässt es gerne zu, dass ihm von außen diktiert wird, was für ihn das Beste sei.

Zudem: In dem, was ich für mich für das Beste halte, kann ich mich täuschen. Es ist abhängig von meinen aktuellen Bedürfnissen, vom Alter, von meiner sozialen Situation usw. Folglich werden wir nicht umhinkommen, ein Leben lang danach zu suchen, was für uns das Beste ist.

Zehn Wege schlage ich vor, um herauszufinden, was für uns (vielleicht) das Beste ist. Ich gebe jeweils eine Art Leitspruch vor, teile Ihnen mit, was mir dazu einfällt – meinen ganz persönlichen Kommentar – und lade Sie ein, für sich zu überprüfen, ob Sie mit diesen Aussagen etwas anfangen können. Natürlich interessiert es mich, was *Ihnen* dazu einfällt; wenn Sie mir etwas mitteilen wollen, schreiben Sie mir eine Mail.

Das Wort »Glück«, sofern es das ganz große Glück bedeutet, werde ich nur noch selten verwenden. Versprochen.

Vielleicht müssen Sie sich an meine sehr persönliche Art zu reden, bzw. zu schreiben, erst gewöhnen. Aber bei den hier angeschnittenen Themen halte ich nichts davon, eine Allgemeingültigkeit anzustreben, die kilometerweit über den Dingen schwebt.

Derart vorgewarnt, beginnen wir mit dem Weg der Dankbarkeit.

Der Weg der Dankbarkeit: Sei dankbar für das, was du hast … und auch für das, was du bist!

Lange habe ich mir überlegt, was der wahre Schlüssel zu jener Zufriedenheit sein könnte, die mir als Ziel vorschwebt. Mittlerweile bin ich sicher: Es ist die *Dankbarkeit*. Sie geht der Zufriedenheit *voraus*!

Nun könnte man natürlich einwenden, dass es doch eher umgekehrt sei: Erst wenn ich alles erreicht habe, was ich mir wünsche, also Grund hätte, zufrieden zu sein, könne man von mir erwarten, dass ich mich dafür bedanke. Die Dankbarkeit käme, wenn überhaupt, erst hinterher. Da uns immer etwas fehlt und die Dinge nie hundertprozentig so sind, wie wir sie uns wünschen, müssten wir warten bis zum Schluss. Konsequenterweise müsste man auf unseren Grabstein schreiben: *Leider zu früh verstorben. Er – oder sie – kam nicht mehr dazu, sich zu bedanken.*

Nach einem Anlass zur Unzufriedenheit müssen wir nicht lange suchen. Nichts stimmt in dieser Welt. Enttäuschung ist vorprogrammiert. Das fängt im Alltag an. Meine Frau und ich, wir kommen gerade aus einem dreiwöchigen Urlaub zurück, wollen, um zum Einkaufen zu fahren, das Auto starten, das jetzt ebenfalls Zeit hatte, sich in der Garage zu erholen. Ich drehe den Zündschlüssel – und es macht keinen Mucks. Ich rufe die Werkstatt an – nach ein paar Stunden kommt der Monteur mit seinem Akkugerät und bringt die Karre in Gang. Tiefsinnig wird von Kriechströmen gesprochen (dass die Elektrizität in meinem Auto herumkriecht, habe ich gar nicht gewusst.) Auch wenn das Fahrzeug nicht bewegt werde, ziehe die Elektronik Strom … Jetzt warten wir auf die Rechnung. Ich denke, auf die ist Verlass.

Der Kühlschrank muss gefüllt werden … Ist noch Bier im Keller? Der Rasen sollte dringend gemäht werden; die Rosen hängen zerzaust herum wie nach einem Taifun.

Ein Blick in die Zeitung zeigt, was alles passiert ist. Auf der A 5 sind zwei Lastwagen zusammengestoßen, Tote und Verletzte; Einbrüche ganz in der Nachbarschaft, Überfälle … Immer wieder terroristische Angriffe: Scheinbar seinen Gott preisend, ruft jemand *Allahu akbar!* Angst und Schrecken verbreiten sich.

Wir lesen die politischen Kommentare – gescheite Leute, die sich berufsmäßig Gedanken machen. Aber das, was um uns herum passiert, kann es uns jemand wirklich erklären?

In was für einer Zeit leben wir? fragt man dann.

Das Fernsehen liefert uns die Bilder. Jeden Abend um 19.00 Uhr sehen wir die Tagesschau – sie ist Pflicht. Die Summe der Katastrophen nennen wir Realität. Seit Jahren haben wir das Interesse an Krimis gänzlich verloren; auch wenn sie, um die Aufmerksamkeit der Zuschauer auf sich zu ziehen, das Ausmaß an unterhaltsamer Brutalität ständig in die Höhe schrauben – vor kurzem hat ein Krimi damit geworben, dass die Zahl der Toten die Rekordhöhe von 17 erreicht habe – die Realität ist nicht zu toppen. Wir sind schon so weit, unserem Freund, der ein paar Jahre älter ist, zu folgen; er sagte, er schaue sich nur noch Filme an, bei denen mit einem Happy End zu rechnen sei. (So kommt es, dass man an der Auswahl der Sendungen das Alter des Konsumenten ablesen kann.)

Nun frage ich Sie: Haben wir einen Grund, dankbar und zufrieden zu sein? Ist die Welt auch nur ein bisschen so, wie sie sein sollte? Nimmt sie vielleicht Rücksicht auf unsere Bedürfnisse?

Legen wir noch eine Schippe drauf: Hat uns vielleicht jemand gefragt, ob wir in diese trostlose Veranstaltung, die man Leben nennt, eintreten wollen? (Eine Frage, die gut klingt, fundamental, geradezu existentiell.) Da das Leben mit Sicherheit dem Tod entgegengeht, ist es nicht eine gigantische Fehlinvestition? Wäre das Nichtvorhandensein nicht die bessere Alternative?

Im Jammern und Sich-beschweren sind wir Weltmeister – auch ich kann es ganz gut, und da bin ich nicht allein. Vorgestern ging ich, es war noch Vormittag, durch unser braves Nachbarstädtchen, da sagte eine ältere Dame, die gerade zufällig neben mir ging: *das Beste wäre, nicht geboren zu sein*. Verblüfft schaute ich sie an. Was hat sie da gesagt? Einen Satz, der eine ganze Reihe philosophischer Vorläufer kennt. Und ausgerechnet hier von einer alten Frau, vermutlich weit über 80. Ich sprach ein paar Worte mit ihr. Vermutlich hatte sie an diesem Morgen noch niemanden getroffen, mit dem sie hätte reden können. Sie lächelte. Immerhin. Dann ging ich weiter. Ich hatte einen Arzttermin. (In meinem Alter hat man ständig einen Arzttermin; man glaubt gar nicht, wie viele ärztliche Spezialrichtungen es gibt.)

Alles in allem, wir haben tausend Gründe unzufrieden zu sein.

Und jetzt noch etwas Anderes: Die Unzufriedenheit hat auch ihr Gutes. Sie treibt uns voran. Wenn wir mit allem zufrieden wären, säßen wir heute noch in den Höhlen der Steinzeit. Wir hätten als Fortbewegungsmittel noch immer den Pferdewagen und besäßen ein Handy, mit dem man nur telefonieren kann. Es fehlte uns jeder Antrieb, an den sozialen Verhältnissen, die grundsätzlich veränderungsbedürftig sind, etwas zu ändern. – Bevor wir einen Ausweg aus der Unzufriedenheit suchen, sollten wir ihre wahre Kraft anerkennen, sie als Motivationsfaktor würdigen, sie loben.

Wie also ist das mit der Dankbarkeit?

Das Gefühl, vom lieben Gott – wenn es ihn gibt -, vom Schicksal, das es mit uns nicht gut gemeint hat, von unseren Eltern und der Gesellschaft als Ganzer schlecht behandelt worden zu sein, ist das Eine; das Andere wäre, die Augen aufzumachen und zu sehen, was ist: Wir leben in einer wunderschönen Welt – noch ist es uns trotz größter Anstrengungen nicht gelungen, sie endgültig zu zerstören. Wir sind keine isolierten Einzelwesen, sondern Teil einer wie auch immer gearteten Gemeinschaft. Wir haben jeden Grund, dankbar zu sein. Wenn ich um mich schaue, muss ich staunend anerkennen, was alles mir vorgegeben ist. Die Welt ist nicht aus meinem Kopf entsprungen; ich finde sie vor. Ich habe sie nicht gemacht – und nur in unbedeutenden

Details zum Vor-oder Nachteil verändert. Auch mich selbst habe ich nicht gemacht – nur ein bisschen, hoffe ich, dazugelernt.

Das Staunen, sagt man, sei der Anfang jeder Philosophie. Und zum Staunen passt die Dankbarkeit.

Warum tun wir uns so schwer, diese Tatsache zu sehen?

Diese Blickrichtung sind wir nicht gewohnt.

Wo kämen wir denn hin, wenn wir uns jeden Morgen erst einmal bedanken müssten!

Es ist nicht normal, sich – in dieser allgemeinen Art – zu bedanken. Die Normalität setzt ein gewisses Maß an Stumpfsinn voraus, der alles Gute für selbstverständlich hält. Um diesen zu durchbrechen, müsste man vielleicht nicht besonders klug sein, aber wach.

Und doch gibt es tausend Dinge, für die wir uns bedanken können.

Wir sind Gast auf dieser Welt, wir sollten dankbar sein – wenn wir es sind, sieht man es uns an.

Dankbare Menschen strahlen etwas aus.

Einem Menschen, der nicht dankbar ist, kann man keine Freude machen – und von der Schadenfreude allein lebt es sich schlecht.

Dankbarkeit macht sympathisch.

Das Danken eignet sich gut als Einschlafritual: Sich alles vergegenwärtigen, was heute gut war. Und sich dafür bedanken. (Das Unangenehme am besten links liegen lassen; wenn es sich nicht wegschieben lässt, mitten hindurchgehen und dann zum Angenehmen zurückkommen.)

Kann man sich bei seinem Partner / bei seiner Partnerin bedanken? (Das passt nicht gut zum Beziehungsclinch. Sich bedanken wirkt manchmal nicht nur naiv, sondern dumm.)

Wer sich bedankt, wirkt nett. (Dass Dankbarkeit nicht ungefährlich ist, zeigt sich darin, dass nett zu sein von allen Komplimenten das schlimmste ist.)

Je reicher jemand ist, umso schwerer fällt es ihm, sich zu bedanken. (Wer viel hat, will mehr.)

Haben Sie schon mal einen verwöhnten Menschen gesehen, der in der Lage wäre, sich zu bedanken?

Je mächtiger jemand ist, wofür sollte er sich noch bedanken?

Wenn Politiker sich bei ihren Wählern bedanken, klingt das immer sehr routiniert.

Kann ein Chef seinen Mitarbeitern zeigen, dass er für deren Leistung dankbar ist? (Von den Mitarbeitern Dankbarkeit zu erwarten, ist wohl etwas zu viel verlangt.)

Von Menschen, die nichts haben, Dank zu erwarten, ist unangebracht. Besser wäre es, ihnen etwas zu geben.

Andererseits fällt das Sich-bedanken offenbar Menschen leicht, die wenig haben. Ich denke oft an den jungen Afrikaner, dem ich auf einem Markt in München einen handgeschnitzten Hocker in Form eines Elefanten abgekauft habe. Zu meiner Schande muss ich gestehen, dass ich, weil das Feilschen dazugehört, den niedrigen Preis noch heruntergedrückt habe. Als er das Geld in Händen hielt, wie hat der Mann sich gefreut! Er hat gelacht, gesungen, ist um mich herumgetanzt, als hätte ich ihn erlöst. (Dass diese Erfahrung vielleicht typisch, aber kein gutes Beispiel für eine gute Beziehung zu Afrika und seinen Menschen ist, ist mir bewusst. Wenn ich an diese Geschichte denke, freue ich mich und schäme mich ein bisschen.)

Lassen Sie mich noch mit ein paar Stichworten aufzählen, wofür ich mich bedanken möchte:

Für meine Vorfahren, für meine Familie, für meine Lehrer – ich habe mich oft genug über sie geärgert, aber was wäre ich ohne sie?

Für das Zusammenleben in *gesellschaftlichen Strukturen*, in Gruppen, Gemeinschaften, in einer Gemeinde – schließlich muss ich wissen, wohin ich gehöre!

Für die *sozialen Regeln* und sogar für die *Gesetze*, die sich ohne mein Zutun und schon lange vor mir etabliert haben; denn nach dem Faustrecht zu leben, wäre ein rechter Alptraum! (Da ich nur 1,67 groß und ein alter Mann bin, zöge ich unter Faustrechtbedingungen wohl immer den Kürzeren). Ich lobe das Gewaltmonopol des Staates. Ich lobe die Strukturen und Gesetze und die nicht von mir gemachten Regeln, auch wenn ich jeden Tag Anlass habe, mich über deren Enge zu beschweren.

Danken will ich für unser *Grundgesetz. Die Würde des Menschen ist unantastbar!* Einen besseren, zentraleren, grundlegenderen Satz gibt es nicht. Das ist der Grundstein, auf dem sich das offizielle Gebäude unserer Gesellschaft erhebt. Verteidigen wir diesen Satz! Bedanken wir uns für diesen Satz! ... auch wenn ich nicht ganz sicher bin, ob ich wirklich verstanden habe, was er meint. Und auch wenn ich nicht weiß, ob er sprachlich richtig formuliert ist: unantast*bar* würde doch heißen, dass es nicht möglich sei, die Würde des Menschen anzutasten. Natürlich wird sie angetastet, Tag für Tag ... Aber sei's drum: Nehmen wir diesen Satz so, wie er gemeint ist. Nehmen wir ihn als Programm! Schreiben wir diesen Satz mit Großbuchstaben in unser Gedächtnis: *DIE WÜRDE DES MENSCHEN IST UNANTASTBAR!*

Ich bin dankbar, in einem Staat zu leben, der mich als Mensch in meinem freien Willen respektiert – oder dies wenigstens behauptet und sich in der Regel, hoffentlich, danach richtet ... (Doch Vorsicht: die Ausbeuter, Manipulierer und Falschmünzer sind überall ... und ob es einen *freien Willen* wirklich gibt, lassen wir an dieser Stelle, der Einfachheit halber, dahingestellt). Jedenfalls bin ich dankbar, in einem Staat zu leben, der mir ein paar Quadratmeter Freiraum lässt und Luft zum Atmen, in einem Staat, wo ich keiner Obrigkeit, keinem schwachsinnigen Monarchen, keinem Diktator zujubeln, mich für keinen Tyrannen, für keine Ideologie aufopfern und schämen muss ... (Dass in der wirklichen Wirklichkeit – fast – alles falsch läuft, dass der Zwang unser Leben beherrscht, dass auch das beste Gesetz ein Stück Papier ist, der kleine Mann jeden Tag fünfmal verkauft wird, während die Einflussreichen auch bei uns ihren Vorteil sichern, und dass nur die Blauäugigen auf den Gedanken kommen, sich zu bedanken, weiß ich; aber jetzt bin ich nun einmal dabei, mich zu bedanken.)

Ich danke dem *Bundesverfassungsgericht,* das über die Einhaltung des Grundgesetzes wacht und aufpasst, dass die Damen und Herren Politiker im hehren Eifer des Gesetzeschmiedens (und im Hinblick auf ihre eigenen Interessen und auf die ihrer Kundschaft) es nicht zu sehr verbiegen.

Ich danke für alle *staatlichen Institutionen,* deren Zähigkeit ich sonst gerne beklage.

Danken kann ich für jede Form von *Verwaltung*; gelegentlich gelingt es mir sogar, die Eleganz der administrativen Abläufe zu bewundern. Wenn es keine Bürokratie gäbe, worüber hätten wir uns dann noch zu beschweren?

Danken kann ich für die *pädagogischen Bemühungen* aller Art, und dass es den Erziehungsberechtigten nicht gelungen ist, mich so zu formen, wie sie mich wollten. Für *Ausbildung und Beruf* danke ich und für alles, was ich gelernt und wieder vergessen habe; danken kann ich für die *Betriebe,* in denen ich gearbeitet habe: Sie haben mich gelehrt, was ein funktionierendes Chaos ist. Für die *Rentenversicherung* danke ich, von der ich jetzt mein Altersruhegeld beziehe (das natürlich, wie immer, etwas höher sein dürfte …).

Ich danke für die *Versicherungen,* die ich brav bezahle, um mich in der Illusion zu wiegen, auf der sicheren Seite zu sein. Versicherungen sind gut, solange man sie nicht braucht. Ich bestaune die Paläste aus Beton und Glas, die sie von unserem Geld errichten, und bin froh, wenn ich keinen Grund habe, sie als Antrag- und Bittsteller zu belästigen.

Ich danke für jede Form von *Zivilisation*: Sie macht das Dasein nicht nur interessant, sondern in hohem Maße erträglich. Wenn aus dem Urwald ein Wohnzimmer wird, geht etwas von der ursprünglichen Wildheit verloren, dafür steigt der Komfort. Und den weiß ich wirklich zu schätzen.

Ich danke für *Sprache, Schrift, Kultur und Kunst*: Sie bilden das Gebäude, in dem ich mich frei (oder nicht frei, also mehr oder weniger frei) bewege.

Ich danke für *Wissenschaft und Technik*, deren Ernsthaftigkeit mir imponiert; sie sagen etwas über die Welt und machen es möglich, diese zu zerstören oder uns in ihr einzurichten. Auch wenn ich das meiste von dem, was sie sagen, nicht wirklich verstehe, nehme ich sie mit größter Hochachtung und dankbar zur Kenntnis.

Ich danke für die *technischen Produkte*, die ich, sofern ich sie mir leisten kann, um mich versammle: mein Auto, meinen Kühlschrank, mein Radio, meinen Fernseher, meinen PC, mein Handy, meine Digitalkamera ... Was für ein armer Tropf wäre ich ohne diese mir treu ergebene Dienerschar? Wäre ich überhaupt noch lebensfähig? Ginge es mir nicht wie der Schnecke, die von jetzt auf nachher ohne ihr Haus auskommen müsste?

Was wäre ich ohne mein Auto? – Ich müsste warten, bis der Omnibus kommt oder zu Fuß gehen.

Was wäre ich ohne mein Smartphone? – Ich könnte nicht jederzeit jemanden anrufen und ihm so wichtige Botschaften durchgeben wie: *Hier regnet's; regnet's bei dir auch?* – Oder: *Ich stehe hier vor dem Karstadt; wo bist du gerade?* Und ohne Internet? – Nicht auszudenken!

Was wäre ich ohne Kamera? Ich müsste die Augen aufmachen und mir alle Bilder selber merken.

Die Technik zerstöre die Natur, sagt man. Die Natur hat uns hervorgebracht und sie hat gelernt, mit uns auszukommen. Es bleibt ihr nichts anderes übrig, als sich mit uns zu verändern. Nur kaputt machen dürfen wir sie nicht. Sie braucht unsere Liebe, Sorgfalt und Pflege. Da wir mittlerweile nicht nur die Natur, sondern die ganze Welt und uns selbst zerstören können, hoffe ich auf Einsicht; da man sich auf die Einsicht aber nicht verlassen darf, hoffe ich auf guten Willen; da der gute Wille es allein nicht richtet, hoffe ich auf Wissenschaft und Technik, denen ich, alle Skepsis überwindend, von Herzen danken will. Und vielleicht gibt es doch noch ein paar vernünftige Leute.

Ich danke für die *Philosophie*, in der man herumspazieren kann wie in einem Museum; die Berufsphilosophen sind die Museumsverwalter, die alles fein ordnen und präsentieren. Als Besucher geht man unbeschwert herum, bleibt vor dem einen oder anderen Exponat einen Augenblick stehen, macht ein nachdenkliches Gesicht (Kopf leicht in Schräghaltung) und zeigt, dass man etwas von der Materie versteht; man wundert sich, lässt sich ein bisschen verunsichern, und sucht, aufs angenehmste verwirrt, die Cafeteria. Besonders dankenswert finde ich an der Philosophie, dass sie sich nicht restlos ins Museum einsperren lässt. Immer bleibt ein Zipfel außerhalb. So bleibt die Philosophie unausrottbar, unverwüstlich, immer jung und frisch. Quicklebendig treibt sie ihr Unwesen, stets gut verkleidet, maskiert, getarnt. Ein heller Kopf, der alles und sich selbst in Frage stellt.

Ich bedanke mich für alle *Religionen* der Welt, – und für meine eigene ganz besonders. Mit ihren Erzählungen trösten, belehren, erschrecken und beruhigen sie uns; sie benennen und bändigen das Jenseitige, das uns das bisschen Verstand, das wir haben, zu rauben droht. Das Rätsel, das uns umgibt, scheint gelöst. Indem wir glauben, wissen wir, wer wir sind.

Wer einen Gott hat, bezieht sich auf einen festen Punkt. Doch es ist nicht zu bestreiten: auch ohne Gottesbezug kann man ein guter Mensch sein. Ich denke, Gott, wenn es ihn gibt, hat nichts dagegen, dass jemand, auch wenn er nicht an ihn glaubt (oder mit seinem Glauben Probleme hat), versucht, ein guter Mensch zu sein, und ich danke ihm.

Ich bedanke mich für die *Aufklärung*, die mir erlaubt, selbst über alles nachzudenken, alles in Zweifel zu ziehen, Wissen und Glauben selber zu mischen und jene Mixtur aus Sinn und Unsinn zu produzieren, die ich zu meiner Erbauung, Rechtfertigung und Unterhaltung so dringend benötige.

Für alles, was man sieht, hört, liest, denkt, träumt, fühlt und leidet, kann man sich bedanken. Und natürlich auch für all das, worüber man sich sonst gerne beklagt: Das Land des Dankens ist weit …

Wenn man sich für alles bedanken kann, für alle Einzelheiten, für Personen und Sachen und sogar für die abstraktesten Dinge, kann man sich schließlich auch dafür bedanken, dass es überhaupt etwas gibt. *Warum ist überhaupt etwas und nicht vielmehr nichts?* Auch wenn es auf diese Frage keine Antwort gibt, bedanken kann man sich für die Gesamt-Veranstaltung, die man *Welt* und *Leben* nennt; oder für das *Dasein*, für das große *Nichts*, das alles umgibt, für das *Chaos*, aus dem alles entstanden ist, für die Gesamtheit aller Möglichkeiten, aus der unsere Wirklichkeit wie aus einer Lostrommel herausgefallen ist; bedanken kann man sich für den *Zufall* oder für den lieben *Gott*, der alles, was ist, in seinen Armen hält. Schließlich danke ich für mein eigenes *Selbst*, in dem ich, wie in einer winzigen, zerbrechlichen Nussschale, ständig bedroht und trotzdem unendlich geborgen, über den Ozean segle.

Und doch gibt es Dinge, für die ich mich beim besten Willen *nicht* bedanken kann; dazu gehören:

Schwere Krankheiten. Ich kenne Leute, die sagen, sie dankten Gott, dass er sie suchtkrank habe werden lassen; nur in der Auseinandersetzung mit dieser Krankheit hätten sie einen tieferen Zugang zum Leben gefunden. Das klingt auf eine gewaltsame Art gut und ist ein beeindruckendes Zeugnis für die menschliche Sinnfindungsstärke. Doch die dankbare Annahme einer so schweren Krankheit von außen zu empfehlen wäre eine Zumutung. Das darf nur jemand sagen, der es von sich selber sagt.

Nur zu gut kann ich mir vorstellen, dass es im Leben eines Menschen Augenblicke geben kann, in denen er sich so verzweifelt und elend fühlt, dass jede Fähigkeit zu danken erstirbt. Augenblicke der Einsamkeit und des Schmerzes, nicht nur des physischen Schmerzes, in denen die Sehnsucht nach dem Tod stärker ist als die nach dem

Leben. Aber solange wir leben und die Möglichkeit haben, uns zu bedanken, dürfen wir es tun.

Wofür ich mich nicht bedanken kann: Für das *Elend der Kinder*, die von Menschen, nicht selten von ihren eigenen Eltern, ihren Verwandten oder »guten Bekannten« missbraucht, vernachlässigt, weggeworfen und sogar getötet werden. Niemals bedanken werde ich mich für jede *Schinderei, Quälerei, Folter und Vergewaltigung.* Für die Naziverbrechen unserer Vorfahren werde ich mich als Deutscher in Ewigkeit schämen. Die Scham ist Bestandteil meiner Nationalität. Genauer: meiner nationalen Identität. Insofern ist sie vielleicht fast wieder etwas Wertvolles: Müssen nicht gerade wir Deutsche wachsam sein gegenüber allen Risiken des Machtmissbrauchs, der Verführung, der Verhetzung, der nationalistisch aufgeblähten Lüge? Wir haben nicht nur die Pflicht, vielleicht sogar das Recht auf diese Art der Wachsamkeit? Sicher macht uns das schlechte Gewissen nicht besser, vielleicht aber aufmerksamer? Hellhöriger? Empfindlicher? Dass es uns auch ein Stück weit erpressbar macht, damit müssen wir leben.

Fanatismus, Volksverhetzung und Meinungsterror sind die eigentlichen Schreckensgestalten unserer Zeit; bedanken kann ich mich nur für die Fähigkeit, sie auch in der abgeschwächten Form der noch harmlos aussehenden Rechtgläubigkeit frühzeitig zu erkennen.

Jede Art von Pathos ist mir dermaßen suspekt, dass bereits alles, was etwas zu pathetisch daherkommt, mir Übelkeit verursacht, weshalb es mir unmöglich wird, mich dafür zu bedanken. Es gibt einen Punkt, da hört jede Danksagungsbereitschaft auf.

Wenn man mit dem Danken einmal angefangen hat, findet man kaum ein Ende. Kritisch kann man natürlich einwenden, dies sei eine Psychologie für Leute, denen es gut geht. Da ist sicher was dran. Wie dem auch sei, ich denke, wenn es eine Möglichkeit gibt, sich zu bedanken, sollte man es tun. Und auf jeden Fall gilt: Die Dankbarkeit geht der Zufriedenheit *voraus*!

Neulich sah ich im Fernsehen das Interview mit einer jungen, international erfolgreichen Sängerin; nach dem Geheimnis ihres Erfolges befragt, sagte sie, sie habe Sonnenschein im Herzen, und sei dankbar dafür, diesen auch ihren Mitmenschen gegenüber zum Strahlen bringen zu können. Immer wieder, wenn es ihre Termine erlaubten, kehre sie zu ihrer Familie und ihren Freunden heim, um diese innere Kraft aufzutanken ... Ist das nicht reinster Kitsch? denkt man unwillkürlich, wenn man diese Aussage hört. *Trag Sonne im Herzen, ob's stürmt oder schneit ...* Zur Förderung der Karriere ist jedes Mittel recht! Aber Kitsch hin, Kitsch her, irgendwie klingt es doch gut! Auf jeden Fall ist es ein wunderschönes Bild: Im Herzen leuchtet eine warme Sonne, und wir dürfen dankbar dafür sein, sie den Mitmenschen gegenüber zum Strahlen zu bringen.

Deshalb, allen Gefahren und Verleumdungsrisiken zum Trotz, auch wenn wir als naiv und nett befunden werden sollten: *Sei dankbar für das, was du hast ... und auch für das, was du bist!*

Der Weg der Sinne: Genieße … und übe dich im Genuss!

Ob wir uns wohlfühlen oder nicht, hängt mit der sinnlichen Wahrnehmung zusammen. In den Sinnen begegnet uns die Welt.

Wir sehen, hören, riechen, schmecken, tasten.

Was uns begegnet, ist mehr oder weniger angenehm oder unangenehm, anziehend oder abstoßend, schön oder hässlich … oder eine Mischung aus diesen Gegenätzen.

Genießen heißt: beim Angenehmen verweilen. Sich vom Schönen anziehen lassen. Bewusst wahrnehmen. Die sinnliche Wahrnehmung auskosten. Vor allem: sich Zeit nehmen. Die Zeit ist unendlich, aber wir haben immer zu wenig davon. Umgeben von Leuten und Einrichtungen, die es darauf abgesehen haben, unsere Zeit zu stehlen, müssen wir darauf achten, ein bisschen zu behalten. Aber dann? Was machen wir mit der uns verbleibenden Zeit? Anstatt sie zu vertreiben und totzuschlagen, sollten wir sie auf sinnlich Angenehmes verwenden! Das heißt genießen.

Das Einzugsgebiet der sinnlichen Wahrnehmung ist viel größer als die herkömmliche Aufzählung der Sinnesorgane umschreibt. Die sinnlich erfasste Welt – und der eigene Körper ist Teil dieser Welt – basiert auf den Empfindungen der verschiedenen Wahrnehmungsbereiche. Dazu gehören z. B. die Wahrnehmung von Temperatur, Schmerz und Gleichgewicht, aber auch Empfindungen aus der Lunge, den Muskeln, des Verdauungsapparates, der Sexualorgane und so weiter. Alle diese Empfindungen können mehr oder weniger intensiv sein, sie können angenehm oder unangenehm sein, ich kann sie mehr oder weniger deutlich wahrnehmen, ich kann versuchen, sie auszublenden … Es gibt sinnliche Wahrnehmungen, denen ich mich nicht entziehen kann, z. B. einer heftigen Schmerzempfindung, anderen muss ich mich aufmerksam zuwenden, um sie ins Bewusstsein zu heben. Es gibt sinnliche Empfindungen, über die man nicht spricht, weil man uns beigebracht hat, was sich schickt und was nicht.

Sinnliche Wahrnehmung kann man üben.

Das Genießen kann man üben.

Ratsam ist es, sich, *wenn möglich*, dem Angenehmen, Erfreulichen zuzuwenden und bei dessen Wahrnehmung zu verweilen.

Heute wird viel von *Achtsamkeit* gesprochen; ich verstehe darunter die Fähigkeit, im Auf und Ab der Ereignisse die Sinne offenzuhalten und wahrzunehmen, was ist.

Eigentlich handelt es sich beim Genießen doch um die einfachste Sache der Welt. Warum überhaupt darüber reden? Und wie kommt es, dass, um es zu vervollkommnen, Übung erforderlich ist?

Der Grund liegt darin, dass wir meinen, keine Zeit zu haben. Wir sind in Hetze, bewegen uns im Sog der Gewohnheit und wir haben den Kopf immer woanders. Es fällt uns schwer, uns auf das zu konzentrieren, was gerade gegeben ist.

Wie ist das z. B. beim *Sehen*?

Wir gehen durch die Wohnung, zum Supermarkt oder zur Arbeit – wenn wir für einen Augenblick stehen bleiben und uns fragen, was wir gerade gesehen haben: vermutlich nicht viel. Eigentlich nur die Schlüsselreize, die für die Steuerung unseres Verhaltens erforderlich sind. Es sei denn, etwas hätte sich grob verändert, nur dann fällt es uns auf. Der Rest wird als unwichtig ausgeblendet. Diese Sparsamkeit im Wahrnehmen macht natürlich Sinn: Wenn wir zuerst alles, was uns umgibt, bewusst bemerken müssten, kämen wir nie ans Ziel. Es ist schon erstaunlich, mit wie wenig Wahrnehmung wir normalerweise auskommen. Jetzt aber, unterbrechen wir für einen Augenblick den Fluss der Gewohnheit, konzentrieren wir uns: Was sehen wir jetzt?

Was *wir* sehen, kann ich natürlich nicht wissen, denn ich weiß nicht, was *Sie* gerade sehen. Ich kann nur sagen, was *ich* sehe: Ich sitze in meinem Zimmer an meinem Schreibtisch und sehe vor mir den PC, in dessen Tastatur ich diesen Text tippe. (Dass mein PC brav funktioniert, bin ich gewohnt; wehe, er macht Sperenzchen.) Ich sehe meine Teetasse, die ich gleich wieder füllen werde. Ich sehe die Schreibtischlampe, die Couch, das Bücherregal, die Bilder an der Wand. Wann habe ich diese Bilder zuletzt genau betrachtet? (Ich habe sie mir damals gekauft, damit ich etwas Schönes zum Anschauen habe, aber wie lange habe ich sie nicht mehr *bewusst* angeschaut?) Ich sehe die Gardinen, das Fenster; draußen sehe ich die Nachbarhäuser, das Grün der Bäume, die Buchenhecke, die den Vorgarten des Nachbarn bewacht (und deren Blätter vom Wind regelmäßig vor unsere Haustüre geweht werden); ich sehe das Sonnenlicht, die Autos auf der Straße, die Menschen, die vorbeieilen. Für einen Augenblick wird die Welt bunt.

Wollen wir mit den Augen genießen, müssen wir sie aufmachen – das kann man üben.

Das Ziel kann aber nicht sein, jederzeit alles mitzubekommen. Das wäre unmöglich, und es sei bereits an dieser Stelle vor zu hohen Zielsetzungen gewarnt. (Das gilt übrigens für alle Ratschläge, zu denen wir noch kommen werden. Das Zuviel ist immer verkehrt.) Aber zwischendurch die Augen aufmachen und schauen, was uns umgibt! Mit dem *Hören* verhält es sich ganz ähnlich. Was höre ich jetzt?

Das Vogelgezwitscher am frühen Morgen
Die Autos und das Summen der Stadt
Das Geräusch des Weckers
Das Anknipsen der Nachttischlampe
Das Bellen eines Hundes
Den Wind in den Bäumen
Leise trommelt der Regen
Kindergeschrei (Wenn Kinder herumrennen, sei es im Schwimmbad, auf einem Spielplatz oder im Wohnzimmer, müssen sie schreien. Jedes will unbedingt zeigen, dass es ist.)
Die Glocken der Hl. Kreuzkirche

Das Brummen von Flugzeugmotoren
Die Wasserspülung
Stimmengewirr (Jeder hat jedem etwas zu sagen)
Musik, die aus der Wohnung des Nachbarn dringt (Ein Glück, wenn sie einigermaßen meinem Geschmack entspricht, was allerdings selten ist.)
Und die Stille …

Das alles kann man hören – oder auch nicht. Die Ohren neigen dazu, sich zuzumachen. Oder auf Durchzug zu schalten. Wenn die akustischen Reize sich im gewohnten Bereich bewegen und ohne besondere Bedeutung sind, verlieren sie ihren Signalcharakter; dann schläft mein Gehör gewissermaßen ein, und ich höre, obwohl mein Gehör funktioniert, eigentlich nichts; mein Gehör fällt in den Standby-Modus. Die meiste Zeit des Tages bin ich wie taub. Dann muss, damit ich etwas höre, schon etwas Besonderes passieren: Jemand muss meinen Namen rufen, das Telefon muss läuten, eine Hupe muss ertönen, Musik erklingen. Oder ich muss mich bewusst konzentrieren auf das Vogelgezwitscher, auf die Autos und das Summen der Stadt … und sogar auf die Stille kann ich mich konzentrieren, auch wenn die Stille auf Dauer nicht auszuhalten ist.

Damit ich in die Stille hineinhöre, gebe ich mir einen Stoß. Ich sage mir: Höre die Stille! – Wer auch nur ein klein bisschen poetisch veranlagt sein will, sagt, er höre die Stille. Ich bin sicher, die meisten Leute hören, wenn sie nichts hören, gar nichts. Wenn jemand sagt, er höre die Stille (und er sagt das mit diesem romantischen Unterton …), besteht akuter Poesieverdacht. (Ein Engel schwebt durch den Raum …) Kann man einfach nur nichts hören? Das leere Rauschen eines Hintergrundes, vor dem sonst Geräusche und Töne erklingen? (Mancher hat Angst, es falle ihm die Decke auf den Kopf …) Nichts hören ist nichts. Es gibt sogar Leute, die hören, wenn sie nichts hören, *das Nichts*. Doch um dieses zu hören, muss man sich den Kopf soweit philosophisch verdrehen, dass einem schwindlig wird.

Meistens sind wir mit dem Kopf ganz woanders.

Das gilt auch für das *Riechen*. Gerüche sind für unser Wohlbefinden wichtig; unbewusst geben sie uns Signale, laden uns ein oder stoßen uns ab. Das angenehme Riechen ist ein Paradies für sich.

Was kann man riechen?

Auspuffgase
Den Duft von Narzissen, Flieder, Rosen
Zigarettenrauch
Essensgeruch
Den Rauch eines Kartoffelfeuers oder von Nachbars Grill
Ein Weizenfeld im August
Frisch gemähtes Gras
Frühlingsluft: *Süße wohlbekannte Düfte streifen ahnungsvoll das Land …*
Veilchen
Die Haut eines Babys
Die ersten Regentropfen an einem heißen Sommerabend
Frisches Tannenreisig
Pfifferlinge, die sich zwischen Farnkraut und Brombeerranken verstecken
Den Mist, den die Bauern auf den Acker fahren
Dreck und Scheiße
Weihrauch und Räucherstäbchen …

Manche Gerüche sind angenehm, andere unangenehm. Essensgeruch ist, wenn man hungrig ist, angenehm, – nach dem Essen unangenehm. Wenn das Wohnzimmer nachmittags um drei noch nach Blumenkohl riecht, führt man einen Gast nicht gerne hinein.

Angenehme Gerüche laden uns ein, dass wir uns nähern, unangenehme Gerüche fordern uns auf, dass wir uns entfernen. Angenehme Gerüche sind anziehend, unangenehme abstoßend. Gerüche sind Signale zur Abstandsregulierung.

Gerüche laden ein zur Partnersuche und Partnerwahl. Den natürlichen Duftstoffen, diesen heimlichen Lockboten, kann man nachhelfen. Ein Hauch Parfüm lockt uns an … über die Gerüche, die einen Mann attraktiv machen, gibt es unterschiedliche Auffassungen. Bierdunst, Zigarettenqualm, Knoblauchduft, Sportlerschweiß sind es vermutlich nicht. Ein Geruch kann sympathisch sein oder auch nicht. Ein Geruch kann ehrlich und vertrauenerweckend sein. Die Kunst des Parfümierens besteht darin, die passende, in sich stimmige Kombination von Düften zu finden. Sie muss weder laut, noch schrill, noch besonders süß sein, angenehm sollte sie sein. Ein freundliches Fest ankündigen, bei dem du willkommen bist. Ein angenehmer Duft sagt, hier bist du richtig.

Ob ein Geruch als angenehm oder als unangenehm empfunden wird, ist auch eine Frage der Konzentration. Die Gerüche von Rauch, Erde und Kuhstall zählen nicht zu den angenehmsten; verdünnt zu einem zarten Hauch, der ein Dorf umweht, können sie das Paradies der Heimat verkünden.

Meine Tochter roch als Baby wie ein neugeborenes Kälbchen.

Mit dem *Schmecken* sind wir beim Wichtigsten – wenigstens für einen Menschen, der gern isst. Setze ich mich nur hin und schaufle das Essen in mich hinein, weil ich hungrig bin oder weil es Zeit ist, wieder mal etwas zu mir zu nehmen? Lese ich nebenher die Zeitung, oder checke auf meinem Smartphone die eingegangenen Mails? Bewusst essen, dieses Zusammenspiel von Riechen und Schmecken bewusst genießen, ist eine Kunst, die gelernt sein will. Dafür muss ich mir Zeit nehmen, auch wenn die aufgezwungene (und oft selbstgemachte) Hektik über mir zusammenschlägt.

Übrigens: das langsame, bewusste Essen schützt vor Übergewicht. Das Hineingeschlungene macht dick. Man sollte so langsam und bewusst essen, dass man auch den Punkt spürt, wo es reicht. Dann aufhören können, das wäre die Kunst. Lieber noch ein klein bisschen Appetit übriglassen für das nächst Mal. (Eine Kunst, die ich selber nur ansatzweise beherrsche.)

Die Vergnügungen des *Tastsinnes* muss ich nicht eigens beschreiben. Jeder kennt das zarte Gefühl, wenn die Hand über Seide oder Samt oder über polierten Stahl gleitet. Und die Hand auf der Haut eines geliebten Menschen – was gibt es Schöneres?

So wichtig die unmittelbare Leistung der Sinnesorgane ist, das Genießenkönnen erstreckt sich weit über diese hinaus:

Am frühen Morgen durch den Wald joggen – oder auch nur spazieren gehen

Eine Reise machen

Ein Kompliment oder ein Lob annehmen

Sich über einen Erfolg freuen

Etwas Gutes kochen, mit Freunden genießen

Spielen

Lieben

Ein Buch lesen, einen Film anschauen

Sogar die Lösung einer mathematischen Aufgabe, für viele ein Gräuel, kann für den, der sich darauf versteht, ein Genuss sein

An etwas Schönes denken

Usw.

Das Usw. ist hier wörtlich zunehmen. Die Reihe kann unendlich fortgesetzt werden. Worum es geht: Jeden Tag warten tausend unangenehme Dinge auf uns. Pflichten, Druck von allen Seiten, Widrigkeiten … in diesem Wust unangenehmer Alltäglichkeit drohen wir zu ersticken. Da wir von Natur aus zur Enttäuschung neigen – und meist auch allen Grund dazu haben -, wird der Frust unvermeidlich. Das Gegenmittel heißt: Genießen lernen! Nach dem Angenehmen Ausschau halten! Die Sinne öffnen! Bewusst wahrnehmen! Sich Zeit nehmen! Nach Möglichkeit – wenigstens für einen Augenblick – beim Angenehmen verweilen! Das geht nicht immer. Oft drängt die drohende Wirklichkeit so stark auf uns ein, da muss man dann erstmal hindurch. Natürlich ist alles ganz schlimm, der Untergang allgegenwärtig. Aber sobald sich eine winzige Lücke öffnet: Schau, wo sich das Erfreuliche zeigt!

Schließlich brauchen wir immer zwischendurch eine Belohnung. Wer mit der Belohnung zu lange wartet, läuft Gefahr, am Ende leer auszugehen. *Erst die Arbeit, dann das Vergnügen*, hat man uns beigebracht. *Jetzt* gilt es zu arbeiten, das Vergnügen kommt *später* – am Wochenende oder erst im Urlaub, oder noch besser: wenn ich in Rente bin. Aber wer bis dahin wartet … Bevor er die Früchte seiner Arbeit genießen kann, ist mancher schon tot.

Ein persischer Student, der sich über unsere Arbeitsmentalität mokierte, erklärte mir den Unterschied zwischen einem Perser und einem Deutschen so: Wenn es Reis mit Rosinen gibt, isst der Deutsche zuerst den Reis und behält sich die Rosinen für später auf; ein Perser isst auf jeden Fall zuerst die Rosinen.

Wie man isst, so arbeitet man … lautet ein beliebtes schwäbisches Sprichwort. Beides möglichst hastig und ohne Rücksicht auf Verluste! Sich kaputt zu schaffen bringt Ehre, und ein Herzinfarkt mit fünfzig ist fast so viel wert wie ein Bundesverdienstkreuz, was natürlich reichlich übertrieben ist. Aber etwas ist vielleicht doch dran, wenn unsere Nachbarn, die Badener, behaupten, auf einer badischen Beerdigung komme mehr Stimmung auf als auf einer Hochzeit im Schwäbischen! – Das alles ist nur witzig gemeint, aber es unterstreicht, wie sehr wir das Produkt sind aus Abstammung und Erziehung, und welch tiefes Misstrauen gegenüber dem Genießenkönnen man uns eingebläut hat.

An dieser Stelle möchte ich eine Erfahrung aus meiner Arbeit mit Suchtkranken einfügen: Wie die meisten Menschen dachte ich zunächst, die

Suchtkrankheit entstehe, weil es jemand mit dem Genießen absolut übertrieben habe und auf diesem Weg in die Sackgasse der Abhängigkeit geraten sei. Folglich sei nur eine absolute Askese in der Lage, aus der Sucht herauszuführen. Erst allmählich lernte ich, dass am Grunde der Sucht nicht der lustvolle Genuss liegt, sondern die Verzweiflung. Der Weg der Heilung bedeutet zwar die weitgehende Enthaltung vom Suchtmittel, aber diese gelingt auf Dauer nur, wenn das Leben wieder Freude macht. Zur Suchttherapie gehört die Kunst des Genießens.

Es geht darum, dem Auf und Ab bewusst zu folgen und beim Angenehmen, wenn möglich, zu verweilen.

Auch uns normalen Hektikern, die wir bis über den Kopf im Alltagsstress stecken, bleibt *der Weg der Sinne: Genieße … und übe dich im Genuss!*

Gerade sah ich eine Fernsehwerbung mit dem Slogan: *Jeder Moment, den wir bewusst genießen, ist ein goldener Moment!* Es handelt sich um eine Werbung für ein Schoko-Dingsbums. Was ich hier als Weg der Sinne beschreibe – für die Werbeagentur ein alter Hut! (Von den Werbetextern kann man eine Menge lernen.) Die Pralinen, die sie anpreisen, sind gar nicht so schlecht, aber die goldenen Momente, wenn wir unsere Sinne offenhalten und uns die Zeit für sie nehmen, gibt es mit und ohne Schokolade; sie sind allgegenwärtig.

Um uns bei Laune zu halten, brauchen wir unsere kleinen Highlights – diese müssen wir uns holen.

Halten wir fest: Das eigentliche Gegenprogramm gegen die Sucht (gegen die süchtige Art des Konsumierens) ist nicht die Askese, sondern das Genießen.

Von einer franziskanischen Nonne aus dem Kloster Sießen (in Oberschwaben) ist der Spruch überliefert:

Gott lieben, macht heilig; Wein trinken macht fröhlich.
Drum liebe Gott und trinke Wein und lasst uns heilig und fröhlich sein!

Der Weg der Familie, der Freundschaft, der Geselligkeit, des Miteinanders: Lerne allein zu sein und suche Kontakt! Vertraue, aber sei nicht dumm!

Wir sind alle eine Familie, das ist ein Spruch, den Chefs zu gerne loslassen, wenn sie aus ihrer Sicht das Betriebsklima beschreiben. Wenn ich diese Floskel höre, eine Beschönigungslüge sondergleichen, ahne ich Böses. Einen Betrieb sollte man niemals als Familie titulieren, denn natürlich meint man in diesem Falle mit Familie eine sogenannte »heilige Familie«, in der alles freundschaftlich, vertraut und friedlich ist. Betriebe aber sind, von Natur aus, konfliktgeladene Kampfgemeinschaften. Manchmal Haifischbecken. Es geht um Arbeit; in der Arbeit geht es darum, Widerstände zu überwinden; es geht um Geld, Macht und Prestige. Konflikte sind an der Tagesordnung; die Frage ist nur, ob sie offen angesprochen oder – um der Fassade willen – unter den Teppich gekehrt werden.

Aber selbst eine richtige Familie …, dass es in ihr nicht immer nur friedlich zugeht, weiß jedes Kind.

Ich wage die These:

Die Familie ist der Ort, wo Paradies und Hölle sich mischen.

Natürlich suchen wir Wärme, Geborgenheit, Vertrautheit, Bestätigung, Schutz, Trost, aber irgendwann wird uns alles zu eng; dann heißt es: nichts wie raus! Die Harmonie, gesteigert zur totalen Harmonie, nimmt den Mitgliedern die Luft zum Atmen. Aus Glück wird Panik! Im günstigen Fall können wir uns auseinander-setzen! Abstand gewinnen. Sich einpendeln zwischen Nähe und Distanz.

Eine gesunde Elternliebe gibt sich manchmal nicht leicht zu erkennen: Vor einiger Zeit besuchten wir eine junge Familie, die wir schon lange nicht mehr gesehen hatten. Wir unterhielten uns, saßen im Wohnzimmer bei Kaffee und Kuchen und fühlten uns prächtig. Da ging die Türe auf, und die zwei Kinder der Familie, vielleicht fünf und sechs, stürmten herein. Die Reaktion des Vaters werde ich nie vergessen: *Achtung!* sagte er, *die Feinde kommen!* Er sagte das mit so viel Wärme und Liebe, dass an seiner Einstellung nicht zu zweifeln war: sie beruhte auf der Anerkennung der Eigenständigkeit seiner beiden Kinder, für die er sorgte, ihnen aber gleichzeitig Freiraum gab. In dieser Familie, hatte ich das Gefühl, gab es viel frische Luft.

Die Kunst der richtigen Abstandsregulierung sehe ich als wichtige Voraussetzung für ein zufriedenes Leben.

Wie kann man die ideale Beziehung von Ich und Welt beschreiben?

Das Glück scheint weder im Alleinsein, noch im Miteinander zu liegen, sondern dazwischen, in der Balance: Allein sein, hinausgehen und zurückkommen können; beweglich bleiben und sich wohl und sicher fühlen nach beiden Richtungen. Ja, so etwa würde ich mein Ideal beschreiben. Aber das sagt sich so einfach. Beides muss geübt werden: der Kontakt mit den Anderen und das Alleinsein.

Kontakt erfordert Aufgeschlossenheit, Offenheit … aber nichts ist mir im Umgang mit Menschen verdächtiger geworden, als die scheinbar naiv vorgetragene Forderung, doch *ganz offen* zu sein, *ganz offen* zu kommunizieren, sich *ganz offen* einzubringen … Diese Forderung ist ein wirkungsvolles Druckmittel, eine Waffe; wer könnte die Forderung nach mehr Offenheit, auch Wahrheit genannt, zurückweisen, ohne sich dem Verdacht der Unoffenheit, also der Unehrlichkeit, Unwahrheit, gar Heimtücke auszusetzen? Ehrlichkeit gilt zu Recht als hoher Wert, aber die Forderung nach bedingungsloser Offenheit kann ein heimtückisches Manöver sein. In Teamsitzungen macht es sich z. B. gut, von den Anderen zu verlangen, sie sollten ihre Meinung *ganz offen* äußern, *ganz offen* sagen, was sie dächten … Interessant ist, dabei zu beobachten, dass diese Forderung besonders gern von Leuten erhoben wird, die selber pausenlos reden und sich ereifern, um ja keinen anderen zu Wort kommen zu lassen! (Käme ein anderer zu Wort, könnte es ja sein, dass er Recht hätte.) Kommt ein anderer schließlich doch zu Wort, wird so lange und pausenlos gegen ihn argumentiert, dass nichts von ihm übrigbleibt. Wenn ein solcher Rechthaber von den anderen Offenheit fordert, läuft es darauf hinaus: *Ihr sollt eure Meinung frei und offen äußern, aber bittschön die meine! Es gibt nur eine Meinung, die richtig ist, und das ist die meine. Äußert euch frei und offen, damit ich euch in Grund und Boden überzeugen kann!*

Ähnliche Machtkämpfe gehören, wie jedermann (und jedefrau) weiß, zum Inventar von Beziehungskisten. *Du sollst offen sagen, was du denkst, aber sag' nichts, was mir nicht gefällt!* – Ach, wie viel besser wäre es doch, etwas freundlicher, charmanter, höflicher zu sein, den anderen vielleicht sogar zum Lachen zu bringen – und die unvermeidlichen Gemeinheiten so lange zurückzuhalten, bis man sie wirklich einmal braucht.

Sogar dem Militär ist die Notwendigkeit einer Privatzone bekannt; jeder Soldat hat in seinem Spint ein sogenanntes Wertfach, in das niemand gegen seinen Willen eindringen darf. Dort kann man sein Geld, seine Briefe, Notizen, Bilder und den persönlichen Krimskrams einschließen. Was da drin ist, geht niemanden etwas an. So ein kleines Wertfach – oder Schatzkästlein – muss auch in einer Beziehung sein.

Nicht nur das Miteinander, auch das Alleinsein muss geübt werden. Die Tatsache, allein zu sein, kann man als äußerst unangenehm oder als angenehme Erholung und Kraftquelle empfinden. Wenn mir, sobald ich allein bin, die Decke auf den Kopf fällt, wenn ich in Panik gerate und das Gefühl habe, in dieser Welt verloren zu gehen, werde ich mich an jeden klammern, der vorbeikommt. Dass auf dieser Basis keine guten Beziehungen entstehen, leuchtet unmittelbar ein.

Wer es dagegen mit sich selber gut aushält, wer sich selber schützen kann und sich seines Wertes bewusst ist, tut sich auch leichter mit anderen. Es wird ihm besser gelingen, im Wechsel der Zeit für die jeweils richtige Balance zwischen Nähe und Distanz zu sorgen. Denn wir brauchen und suchen Nähe, aber nicht zu viel. Zu viel Nähe wird irgendwann unangenehm, dann peinlich, schließlich unerträglich. Um mit einem Menschen gut auszukommen, gilt es, den jeweils angemessenen Abstand zu ihm herauszufinden. Da ist es natürlich von Vorteil, wenn die äußeren Rahmenbedingungen stimmen: Ich bin seit fast fünfzig Jahren mit der reizendsten Frau der Welt verheiratet, und wir leben in einem eigenen Haus – aber wenn wir von heut auf morgen zurück müssten in eine Zwei-Zimmer-Wohnung? Nicht auszudenken! So reizend, dass das gut ginge, kann keine Frau der Welt sein, vom Manne ganz zu schweigen. (Doch für wie viele Paare wäre eine Zwei-Zimmer-Wohnung bereits ein großes Glück? – Wenn ich daran denke, bin ich fast bereit, mich ein bisschen zu schämen.)

Zu viel Nähe nimmt einem die Luft zum Atmen. Eltern, die dich nicht loslassen, ein Freund, der dir zu dicht auf die Pelle rückt, Mitarbeiter und Kollegen oder sogar der Chef höchstpersönlich? Wie hält man sich den Chef auf Distanz? Da heißt es aufgepasst! (Nicht verkehrt ist es, ihm rechtzeitig eins vors Schienbein zu geben – natürlich nur im übertragenen Sinne.)

Es gibt viele gute Ratschläge, wie wir Kontakt aufnehmen, Freundschaft schließen und festigen, aber es gibt nur wenige, wie wir uns wieder aus ihnen befreien. Wenn man sich aus einer Liebe verabschieden will, ist das einfach; man sagt: Lass uns Freunde bleiben … Was das heißt, versteht mittlerweile jeder. Aber wie verabschiedet man sich aus einer Freundschaft? Die konfrontative Methode erscheint manchem zu brutal: Sie zeigt Wirkung, verlangt aber ein hohes Maß an Streitlust, die nicht jedem – und nicht in jeder Situation – zur Verfügung steht. Die scheinbar zufälligen Begegnungen verringern, die Mails nicht mehr beantworten, Verabredungen absagen, Ausflüchte finden … markieren einen weicheren Weg – ganz ohne Unannehmlichkeiten wird auch dieser nicht sein.

Der richtige Abstand – darum geht's!

Arthur Schopenhauer erzählt die schöne Parabel von den Stachelschweinen (in: *Parerga und Paralipomena*):

Eine Gesellschaft Stachelschweine drängte sich an einem kalten Wintertag recht nahe zusammen, um, durch die gegenseitige Wärme, sich vor dem Erfrieren zu schützen. Jedoch bald empfanden sie die gegenseitigen Stacheln; welches sie dann wieder von einander entfernte. Wann nun das Bedürfnis der Erwärmung sie wieder näher zusammen brachte, wiederholte sich jenes zweite Übel, so dass sie zwischen beiden Leiden hin und her geworfen wurden, bis sie eine mäßige Entfernung von einander herausgefunden hatten, in der sie es am besten aushalten konnten …

Dabei fällt mir ein, wie ein intelligenter, hoch gebildeter und mit Reichtum gesegneter Mann, der – es sind schon ein paar Jahre her – von Verbrechern gekidnappt worden war, die Zeit seiner Gefangenschaft beschrieb. Seine größte Enttäuschung war, dass er, auf sich selbst zurückgeworfen, mit sich selbst nichts anfangen konnte. Wieviel Philosophie und Lebensweisheit er auch im Kopf hatte, er konnte sie sich nicht zum Trost werden lassen. Seine Erkenntnis war: Ich brauche die anderen; ich brauche den Umgang, Kontakt, Zuwendung, Anregung, Auseinandersetzung, Beziehung, Gesellschaft, Kultur.

Als Ideal habe ich mir früher oft vorgestellt, in einer einsamen Blockhütte an einem kleinen See, inmitten eines tiefen Waldes, zu leben. Mit der Sonne stehe ich auf, mit der Sonne gehe ich schlafen … Zwei, drei Bücher vielleicht, Notizbuch und Bleistift … (denn ohne Literatur, ohne passive und aktive Literatur, taugt die schönste Einsamkeit nichts). Kein Mensch weit und breit. Kein Handy, kein Fernsehen, kein Radio, kein Notebook, keine Uhr, kein Auto, keine Straßenbahn. Morgens rudere ich mit dem Boot hinaus, werfe meine Angel aus, beobachte, fange ein, zwei Fische, gerade nur so viel, wie ich brauche, um satt zu werden. Die Fische werde ich sorgfältig schuppen, ausnehmen, auf Holzspieße stecken und am Lagerfeuer braten. Trinkwasser schöpfe ich aus der nahen Quelle, Beeren pflücke ich, Pilze suche ich im Wald … und so weiter. – Keine Schnake, keine Ameise verirrt sich in meinen Traum! Kein Förster kommt und macht mir die Hölle heiß! Kein Regenguss verwandelt meine Hütte in ein nasskaltes Loch!

Um ehrlich zu sein: keinen halben Tag würde ich diese Einsamkeit aushalten! Wir brauchen die anderen.

Um bei Leuten zu sein, kann man ins Wirtshaus gehen, in ein Café, in eine Bar, in eine Diskothek. Man kann ins Kino gehen, ins Theater, einen Gottesdienst besuchen, in ein Bordell oder zu einem Fußballspiel gehen.

Man kann mit einem Kumpel das berühmte Bier trinken und um die Häuser ziehen. Manche Leute meinen, es gehe, wenn man sagt, man trinke mit einem Kumpel ein Bier, lediglich darum, ein Bier zu trinken. Nein, mit seinem Kumpel ein Bier trinken ist mehr als nur ein Bier trinken. Wer mit seinem Kumpel ein Bier trinkt, legt sich mit ihm, wie mit einem Zwillingsbruder, an dieselbe Brust. Durch den Zapfhahn, durch die Kehlen, in die Mägen fließt die herbe Milch der Freundschaft. Gestärkt geht man aus dieser Labung hervor … und zieht um die Häuser.

Wer ganz einsam ist, setzt sich vielleicht in die Straßenbahn und fährt eine große Runde. Neben den anderen Fahrgästen zu sitzen, kann in aller Anonymität das Gefühl vermitteln, ein Mensch unter Menschen zu sein … Oder man geht in ein Kaufhaus, sieht vorbeischlendernd die vielen Dinge, die man nicht braucht, ist in der Nähe von Menschen, fühlt sich irgendwie dabei, ein Kunde unter Kunden; als Kunde bist du potentieller Konsument von Waren und Dienstleistungen und somit in einem definierten sozialen Bezug: Du kannst schauen, wo das Bedienungspersonal ist, du hast das Recht, dem Verkäufer oder der Verkäuferin eine Frage zu stellen, du kannst dir eine Stereoanlage, ein Notebook, einen Dampfstaubsauger oder eine Haarentfernungscreme erklären lassen (oder all dies nacheinander), du kannst dich nach den Vor- und Nachteilen der verschiedenen Produkte erkundigen, du kannst durch die Kniffligkeit deiner Fragen zeigen, dass du von der Sache etwas verstehst, du kannst die Preise vergleichen, das Preis-Leistungsverhältnis überschlagen, überlegen, ob du etwas kaufen willst oder doch lieber nicht; du kannst dir Zeit lassen, vorerst nur einen Prospekt mitnehmen und am kommenden Samstag – in der Hoffnung, das Personal habe inzwischen gewechselt – das Kauf-Beratungs-Spiel wiederholen … (und dann doch lieber im Internet bestellen). Auf jeden Fall war es interessant, abwechslungsreich, beruhigend und angenehm, unter Menschen zu sein.

Da fällt mir ein alter Mann ein, den ich an einem frühen Vormittag beim Einkauf in einem Münchner Supermarkt beobachtet hatte. Er wollte Trauben kaufen, suchte sich ungeduldig ein paar aus, stellte der Verkäuferin scheinbar beiläufig eine Frage, ärgerte sich über deren vielleicht etwas zu bayrisch-kurzgeratene Antwort und fing in einer Lautstärke an zu schimpfen, die so heftig und unerwartet kam, dass alles um ihn her erschrak … Es schien, als wäre auch er selbst über sich erschrocken; aufgeregt packte er die Trauben und warf sie voller Zorn samt Tüte in die Steige zurück. Fluchend lief er aus dem Geschäft: *Saubande, dreckete …!* – Ich bin sicher, er hatte an diesem Morgen noch niemanden gefunden, mit dem er ein Wort hätte wechseln können. Seine ganze Verbitterung musste raus. Endlich hatte er für seinen Groll eine Adresse. Ob er, nachdem er den Supermarkt verlassen hatte, sich leichter fühlte? Oder wurde, im Gegenteil, sein Ärger durch den Vorfall verstärkt? Wenn jemand sich infolge dieser Peinlichkeit schämte, war ich es, der die Szene beobachtet hatte und das menschliche Miteinander immer gern etwas harmonischer hätte. Ich mag es nicht, wenn mein Ideal beleidigt wird; auch an diesem schönen, weiß-blauen Münchner Morgen im Supermarkt hätte ich das menschliche Miteinander gern etwas harmonischer, freundlicher und schöner gehabt.

Ich denke, wir brauchen einander. So schön es ist, zwischendurch auch mal allein zu sein, wir brauchen einander. Das Ich gilt es zu beschützen, das Wir zu pflegen, wo immer möglich.

Dabei geht es immer auch um Vertrauen. Beim Vertrauen ist es so, dass es gut ist, wenn ich dem anderen einen Vertrauensvorschuss gebe. Lasse ich mein Visier herunter, zeige ich mich freundlich und offen, nimmt die Wahrscheinlichkeit zu, dass auch der andere mir so begegnet. Vertrauen steckt an. Freundlichkeit auch.

Aber lassen wir uns nicht täuschen: Dass wir auch das Misstrauen wachhalten müssen, zeigt die Erfahrung. Nicht nur den Kindern müssen wir es beibringen, wir sollten es trainieren bis ins hohe Alter. Ich wundere mich immer, wie viele ältere Menschen z. B. auf den sogenannten Enkeltrick hereinfallen. Da ruft ein fremder Mann an: *Guten Tag, was glaubst du, wer dich mal wieder anruft? – Marco, bist du's? Ich dachte, du seist in Spanien. – Ja, von dort aus rufe ich dich an …* Und natürlich ist Marco, unverschuldet, in Schwierigkeiten geraten. Eine größere Geldsumme, Oma und Opa sind doch spendabel, und der Enkel ist gerettet.

Das Kapital der Betrüger ist ihre scheinbare Offenherzigkeit; als Opfer fühlen wir uns schnell vertraut. Und schon fallen wir auf sie herein. Misstrauen ist menschlich nicht so schön, oft aber wichtiger als das Vertrauen.

Neulich fühlte ich mich für einen Augenblick sehr bestätigt. Da ich mit meinem PC in der Vergangenheit immer wieder Probleme hatte, war ich angenehm überrascht: Microsoft persönlich war am Telefon! Direkt aus Amerika. Donnerwetter, dachte ich. Wie haben die das gemerkt! Ein Lob aufs Internet! Das Englisch des Anrufers klang etwas verzerrt, ich hatte Mühe, dem Mann zu folgen. Sie hätten festgestellt, ich hätte *problems* … Tatsächlich! (Und wer hat keine *problems* mit seinem PC, insbesondere wenn er von Zeit zu Zeit sein *password* vergisst …) Ich solle eine bestimmte Software downloaden … und natürlich bezahlen. Da wurde ich dann doch vorsichtig.

Wenn's einem Schwaben ans Geld geht, wird er nachdenklich. Und Gottseidank, gerade noch rechtzeitig, fiel mir ein, dass ich gar keinen PC mit einem Betriebssystem von Microsoft habe, sondern einen von der Firma Apple, der mit Microsoft nichts zu tun hat. Erleichtert und mit »many greetings to mister Bill Gates ...« verabschiedete ich mich.

Bedrohlicher klang der Anruf neulich aus dem Amtsgericht Stuttgart. Eine durchaus behördlich klingende Frauenstimme. Ob ich der und der sei ... Ja, bestätigte ich, der sei ich. Da liege eine Forderung vor, die gerichtlich eingetrieben werden müsse. Ich hätte es wohl im Jahre 2016 unterlassen, eine Rechnung zu bezahlen; die Schulden beliefen sich mittlerweile, einschließlich der Mahngebühren, auf 1615 €. Wenn ich bereit sei, die Schuld außergerichtlich zu tilgen ...usw. Ich legte auf. Zunächst fiel es mir leicht, diesen Anruf abzuschütteln. Das kann nicht sein! Das gehört zu den Fake News, dachte ich. Aber in der folgenden Nacht, als es mit dem Schlafen ohnehin nicht recht vorangehen wollte, setzte sich das Gedankenkarussell in Gang: Warum habe ich nicht gefragt, von wem und wofür die Rechnung sei? Kann es sein, dass ich Rechnung und Zahlungsaufforderungen schlicht übersehen habe? Eigentlich bezahle ich meine Rechnungen pünktlich, habe ich vielleicht doch etwas vergessen? Unruhig wälzte ich mich im Bett. Erst gegen Morgen, als der Nachtnebel sich aus dem Verstand langsam verzogen hatte, wurde mir klar, dass es bei diesem Anruf um nichts anderes ging, als um hundsgemeine Abzocke.

Wo man hinschaut, lauern die Betrüger. Ist deren Phantasie nicht bewundernswert? Direkt paranoid könnte man werden. (Und weil mit solchen Anrufen vor allem Ältere kontaktiert werden, zeigt deren Häufung, wie alt man mittlerweile geworden ist.)

Gerade hat es geklingelt: ein junger Mann, den ich noch nie gesehen habe; er will den Stromzähler ablesen. Ohne viel nachzudenken führe ich ihn ins Untergeschoß und zeige ihm den Zähler. Er liest die Zahlen ab und tippt sie sorgfältig in sein Handy. Dabei fällt mir auf, dass sein ganzer Unterarm mit wirren, mehrfarbigen Tattoos bedeckt ist. Wir verabschieden uns freundlich; an der Türe stoppt er kurz und wünscht mir ein schönes Wochenende. – Dann kommen die Gedanken: War das wirklich der Stromableser? Habe ich in der letzten Zeit den Zählerstand nicht immer online eingegeben? Warum habe ich ihn nicht wenigstens nach seinem Ausweis gefragt? Hat der Kerl uns vielleicht ausspioniert? Fast hätte man meinen können, er habe das Türschloss untersucht. Da schreibe ich über die Notwendigkeit des Misstrauens und bin so naiv wie ein Teddybär … – Wir werden sehen.

Auf jeden Fall gibt es viele Gründe, sowohl für Alt als auch für Jung, mit dem Vertrauen sparsam zu sein:

Vorsicht vor jedem, der dir etwas schenken will.

Wenn dir jemand eine Gratis-Rente von 1000 € monatlich verspricht, ruf nicht bei Faber an.

Wenn du in deiner Bank um Rat fragst, sei misstrauisch; der Kundenberater des Bankinstituts muss in erster Linie seine ihm vorgegebenen Ziele erfüllen: so und so viele Bausparverträge, Versicherungen, Wertpapieranlagen verkaufen … Und da kommst du ihm gerade recht.

Wenn du zum Arzt gehst: Vorsicht, insbesondere dann, wenn er frisch gebaut hat, nicht eine einfache Praxis sondern ein »Gesundheitszentrum«. Er hat hohe Kredite am Laufen und sich auf die Regeln des Marktes eingestellt. Er wird dir Leistungen dringend empfehlen, die von der knausrigen Krankenkasse nicht übernommen werden. Solange du ökonomisch gesund bist, musst du bezahlen.

Wenn du einem Fanatiker begegnest, sei misstrauisch: Er hat vielleicht nicht nur sein Heiliges Buch im Rucksack, sondern Dynamit.

Vorsicht vor einem Handwerker, unter dessen Händen die Waschmaschine zu Schrott und dringend erneuerungsbedürftig wird.

Vorsicht vor Politikern, die unsere Angst zur Panik steigern, um sich selbst als Allheilmittel anzupreisen – die selbsternannten Retter des Abendlandes sind eine Gefahr!

Und sei froh, wenn der Altersabbau dir noch so viel Verstandesklarheit gelassen hat, um die Betrügerei rechtzeitig zu erkennen! (In

Zukunft will ich jeden Stromableser, den ich nicht kenne, nach seinem Ausweis fragen.)

Vor ein paar Tagen ging ich an einem Hof vorbei, in dem zwei etwa drei- bis vierjährige Mädchen spielten. Wer hat Angst vor dem schwarzen Mann? rief das eine. Und das andere: Niemand, aber wenn er kommt, lauf ich weg … Sie versuchten sich zu fangen, rannten weg und lachten ihr wunderschönes, unbeschwertes, glockenreines Kinderlachen … Der schwarze Mann, der mit Bonbons lockt, begleitet die Unschuld. Hand in Hand mit dem Schutzengel.

In der Entwicklungspsychologie spricht man viel von Urvertrauen. Natürlich zurecht. Wie soll man in dieser Welt warm werden, leben, sich entwickeln ohne Vertrauen? Zuerst einmal vertrauen! Aber dann, sobald man in der Lage ist, Freund und Feind zu unterscheiden, gilt es, das Misstrauen zu üben!

So schlagen wir uns lebenslang durch zwischen Alleinsein und Kontakt, immer bereit, uns vertrauensvoll zu öffnen, immer auf der Hut, ausgenutzt, übervorteilt, hereingelegt zu werden.

In diesem Sinne sage ich: *Lerne allein zu sein und suche Kontakt! Vertraue, aber sei nicht dumm!*

Ein unersetzlicher Schatz sind gute Laune und Fröhlichkeit. Eine Portion Eigensinn gehört dazu. Mit Humor geht alles leichter.

Der Weg des Habens und Nichthabens: Entsorge, was du nicht brauchst!

Was wäre für Sie das ganz große, das nicht überbietbare Glück? Wenn mich das jemand fragte, dächte ich wieder unwillkürlich an den berühmten Sechser im Lotto. Der Sechser im Lotto bedeutet das Glück schlechthin. Einen Supergau der Wunscherfüllung!

Natürlich weiß auch ich, dass das mit dem riesigen Haufen Geld, der das Glück ausmachen soll, nicht ganz stimmt. Dass die Lottomillionäre im Nachhinein nicht immer vom Glück gesegnet sind, ist bekannt, aber es gibt auch einige wenige, denen es mit Verstand und Umsicht gelungen ist, ihren Gewinn gut anzulegen und etwas daraus zu machen. Zu denen würde ich gerne gehören.

Aber Spaß beiseite. Nur ganz selten spiele ich Lotto, genieße aber jedes Mal, wenn ich meinen Lottoschein abgegeben habe, die Vorstellung des unermesslichen Reichtums – aber nur bis zur Bekanntgabe der Gewinnzahlen, die meinen Lottoschein, der gerade noch von schier unendlichem Wert war, zu einem Fetzen Papier macht.

Auch wenn es nicht gerade ein Millionen-Gewinn sein muss, etwas zu besitzen, macht glücklich. Was kann man nicht alles sammeln? Bücher, Briefmarken, Bierdeckel, Teekannen, Holzschnitte, alte Bügeleisen, Petroleumlampen, Schmuck, Uhren, Autos … und natürlich wieder Geld, sei es in Aktien oder Bares, Geld, das vielleicht nur auf dem Konto liegt, aber jederzeit bereit ist, für etwas Besonderes eingetauscht zu werden. Geld ist die reine Potenz. Jemand hat mal gesagt, als junger Mensch habe er geglaubt, Geld sei das Wichtigste überhaupt, jetzt, wo er alt sei, wisse er es.

Wer Geld hat, kann sich etwas gönnen. Oder er spart es sich und genießt das abstrakte Bewusstsein, etwas zu besitzen. Man kennt den

Geizkragen, der auf seinem Geldsack sitzt. Dann, schon etwas weiser, sagt man, Geld mache vielleicht nicht glücklich, aber es beruhige.

Wer sagt, dass das Einkaufen nicht glücklich mache, war noch nie in diesem Geschäft! las ich neulich auf einem Laden für Frauenmode.

Wie dem auch sei, man braucht eine Menge Geld, wenn es einem gut gehen soll. *Aber ...* Ich wette – liebe Leserin, lieber Leser – auf dieses Aber haben Sie schon gewartet: Gerade die wichtigsten Dinge kann man sich *nicht* für Geld kaufen: Gesundheit, Liebe, Freundschaft ... bei der Freundschaft komme ich schon wieder ins Zögern. Wer kein Geld hat, tut sich schwer, Freunde zu finden. Haben Sie unter Ihren Freunden einen armen Schlucker? Eine Frau, der das Nötigste fehlt?

Doch es stimmt schon: Das Wichtigste kann man sich *nicht* kaufen. Wer alles aufs Geld reduziert, ist arm dran. Und bestimmt hat jeder von uns die Erfahrung gemacht, dass es Menschen gibt, die wenig haben und trotzdem einfach nur glücklich sind. Fast beschämt stellt man dann fest, dass der ganze Reichtum eigentlich nichts bringt. Dass es letztlich darauf ankommt, ein Herz zu haben, das auch ohne viel Geld strahlt und zufrieden ist.

Übereinstimmend sagen die Lehrer der Weisheit, es sei besser, wenig zu brauchen, als viel zu haben. Reichtum erwecke das Verlangen nach mehr, die Gier sei das Schlimmste. Sich mit anderen zu vergleichen, andere übertrumpfen zu wollen, mache unglücklich. Der Reichtum verstopfe die Seele; es sei besser, das, was man habe, zu genießen und nicht (viel) mehr zu wollen, als man besitzt.

Doch wie finden wir die richtige Mitte?

Es geht um das rechte Maß. Die Freuden des Habens darf uns niemand verleumden! Aber wie die Balance finden zwischen Zuviel und Zuwenig?

Eine solide materielle Basis ist die Voraussetzung für Zufriedenheit. Besitz gibt Sicherheit, beruhigt. Freuen wir uns an den Dingen, die wir um uns versammelt haben. Aber manchmal gilt: Weniger ist mehr.

Üben wir uns deshalb in der *Kunst des Entsorgens*. Entsorgen können wir sowohl **Dinge,** als auch **Ideen**.

Ich versuche, mit ein paar einfachen Sätzen, stichwortartig, zu beschreiben, wie ich mir die Balance zwischen Haben und Nicht-haben vorstelle:

Die Dinge, die ich liebe, möchte ich um mich haben.

Die Dinge, die ich um mich habe, sind mir vertraut. Meine Habseligkeiten hüte ich wie einen Schatz. (Was für ein schönes Wort: *Habseligkeiten*!)

Nicht gut ist es für mich, wenn ich, nur weil ich mich frustriert, einsam, traurig oder ängstlich fühle, Dinge zusammenraffe und an mich reiße. Wenn ich mich innerlich leer fühle, neige ich dazu, um die innere Leere nicht zu spüren, mich mit Dingen anzufüllen. Worte, die diesen Zustand beschreiben, sind: Kaufsucht oder Kaufwut, Sammelsucht oder Sammelwut (je nachdem ob die depressive Komponente der Sucht oder die aggressive der Wut im Vordergrund steht). In der Raffgier kriegt man den Hals nicht voll.

Das so in Besitz Genommene macht fett, beschwert, versperrt den Blick, nimmt die Luft zum freieren Atmen; denn ein bisschen Leere um uns herum scheinen wir dringend zu benötigen.

Weniger ist mehr.

Sparsamkeit ist eine Voraussetzung für Glück!

(Nebenbei: Sparsamkeit ist die wichtigste Einnahmequelle!)

Dinge, die ich liebe, gilt es zu genießen. (Das Wort *genießen* hat auch eine aktive Komponente: pflegen, hegen, umsorgen …)

Dinge, die ich nicht brauche, gilt es zu entsorgen.

Deshalb: Entsorge, was du nicht brauchst!

Übrigens: Die edelste Art, Dinge loszuwerden, ist, sie zu verschenken.

Auch *Ideen* kann und muss man gelegentlich entsorgen. Zu den Ideen gehören *Gedanken*, *Wünsche*, *Ziele* und *Ideale*.

Gedanken mag ich nur, wenn sie einfach daherkommen, so einfach wie möglich: Ich selbst verstehe nur das Einfache, kann das Einfache nur einfach zum Ausdruck bringen. Aufgetakelte, ins Bombastische gesteigerte Gedanken muss ich entsorgen, denn ich weiß, wie sie entstehen: Fühle ich mich dumm, unterlegen, minderwertig, neige ich dazu, meine Gedanken aufzubauschen, in der Hoffnung, auf Leute, die sich nicht für sie interessieren, Eindruck zu machen. Oder wenigstens auf mich selbst Eindruck zu machen. Doch was heißt *meine* Gedanken? Sind meine Gedanken nicht jedermanns Gedanken? Sie kommen zu mir wie die Geldscheine, die ich (hoffentlich immer in ausreichender Zahl) in der Tasche habe. Das Geld, das ich in der Tasche habe, ist mein Geld und doch nicht mein Geld. Es wurde nicht von mir gemacht, es bewegt sich in einem öffentlichen Kreislauf und hat seinen Weg zu mir gefunden. Vorübergehend, jetzt, gehört es mir. Ich gebe es aus, und schon ist es weg ... So ähnlich ist es mit den Gedanken: Im jedermann zugänglichen Medium der Sprache, im unüberschaubaren Fluss der Kommunikation finden sie den Weg zu mir, sind im Augenblick die meinigen, jetzt, wo ich sie denkend hin und her bewege, und schon sind sie auch wieder weg ... Wie mit den Geldscheinen ist es gut, für schlechte Zeiten immer einen Gedanken in Reserve zu haben.

Wünsche können lästig und gleichzeitig lebendig sein. Unsere Sehnsucht treibt sie vor sich her und sorgt für Wirbel. Wunschlos glücklich sind wir nur für Augenblicke. Wenn die Wünsche zu groß, mächtig und fordernd sind, wenn sie sich zu weit von der Realität entfernen und durch Unerreichbarkeit glänzen, machen sie einen kaputt; glücklich, wer in der Lage ist, die Sehnsucht auszuhalten und seine Wünsche am Limit der Erreichbarkeit zu platzieren. Dann halten Wünsche lebendig.

Ich wünsche mir … tausend Dinge, jeden Tag mindestens einen widerborstigen Gedanken und …

Ziele, die ich erreichen kann.

Beide Aussagen stimmen:

Der glückliche Mensch setzt sich seine Ziele so, dass er sie erreicht. Er sucht sich Ziele, die zu seiner individuellen Mischung aus Fähigkeit und Unfähigkeit, aus Tüchtigkeit und Schlamperei passen. Er macht sich möglichst wenig Druck und lässt fünfe gerade sein.

Der glückliche Mensch hat Ziele, die so schön und unerreichbar sind wie die Sterne, an denen man sich (früher) orientiert(e) … Muss man nicht, um etwas zu erreichen, nach dem Unerreichbaren streben? (Doch im Zeitalter von GPS: Wer orientiert sich noch an den Sternen?)

Ideale geben Orientierung. Ideale sagen mir, wie ich sein und gesehen werden möchte.

Ideale haben anziehende Kraft, können verwandeln. Mit Idealen kann man sich aber auch übergroßen Druck machen, man kann sich quälen, behindern, blockieren.

Nichts kann befreiender sein, als überzogene Ziele aufzugeben und lästige, einengende Ideale abzuwerfen.

Jedenfalls ist es ratsam, von Zeit zu Zeit genau hinzuschauen; dann heißt es:

Überprüfe deine Ziele!

Hinterfrage deine Wünsche!

Zettle einen Bildersturm an im Reich deiner Ideale!

Und:

Entsorge, was du nicht brauchst!

Wer viel Zeit hat (oder glaubt, viel Zeit zu haben), kann geduldig warten: Wünsche, Ziele und Ideale verändern sich mit dem Alter von selbst. Was einem jungen Menschen die größte Freude bereitet und am erstrebenswertesten erscheint, verliert, man kann es kaum glauben, mit den Jahren ganz von allein an Anziehungskraft. Was einmal verlockend erschien, verblasst. Nichts bleibt so, wie es war. Um ein Kind glücklich zu machen, genügt ein Ball. Als Jugendlicher will man bis an die Grenze und darüber hinaus – Menschen will man kennen lernen, fremde Länder, die Welt. Und man will wissen, wie alles funktioniert, warum es so ist, wie es ist, und wie es besser sein könnte. Als Erwachsener hat man für Grundsatzfragen keine Zeit, man sammelt Vermögen, Prestige, Einfluss, Macht, Sicherheit ... Aber auch das wird sich wieder verändern. Schließlich gibt es alte Menschen, die nur noch zwei Interessen kennen, das Interesse am Geld und das an der Verdauung.

Die Abfolge der Lebensalter durcheinander zu bringen, ist nicht nur ungesund, sondern geradezu gefährlich: Gibt es etwas Erschreckenderes als ein Kind, das sich überangepasst, altklug, berechnend verhält? Gibt es etwas Traurigeres als einen Jugendlichen, der abgeklärt und weise sein will? Gibt es etwas Lächerlicheres als einen Erwachsenen, der sich als Jugendlicher präsentiert? (Fast so lächerlich wie ein Erwachsener, der von sich behauptet, weise zu sein.)

So hat jede Altersstufe ihre eigenen Glücksbedingungen, die man nicht verwechseln darf. Trotzdem: Ist es nicht schön, wenn ein Erwachsener etwas von der kindlichen Lebensfreude in sich bewahrt? Wenn der geheime innere Zugang zum Erleben des Jugendlichen nicht ganz verschüttet ist? Wenn eine Spur jugendlichen Übermutes geblieben ist, ein Schimmer der alten Werdesehnsucht und die Neigung, mit Grundsatzfragen (und ohne Anspruch auf Weisheit) die Welt noch einmal auf den Kopf zu stellen?

Doch all dies darf der wirklich alte Mensch dann wieder vergessen. Meinem fortgeschrittenen Alter entsprechend, stelle ich mir das Bild eines alten, sehr alten und wunderlichen Mannes vor, der seine großen Wünsche, Ziele und Ideale längst überwunden hat und sich leicht, unbeschwert, mit freundlich-fröhlichem Herzen durch den Trubel dieser Welt bewegt. Hauptsächlich denkt er an das Naheliegende: an die Freuden von Essen und Trinken, an geistvolle (aber nicht zu tiefsinnige) Unterhaltung, an guten Schlaf und Schmerzfreiheit; die

Freuden der Liebe, sofern es diese noch gibt, reduzieren sich auf das Wesentliche; die großen Ideale haben sich im Säurebad der Jahre aufgelöst, geblieben aber ist das reine Herz, alterslos und anspruchsvoll. Ob dieser Mensch weise ist oder nur ein Materialist oder einfach nur zu alt, um sich große Illusionen zu machen, wer kann das entscheiden? Ob das Vergessen auf den im Laufe eines langen Lebens erworbenen Grad persönlicher Reife zurückzuführen ist oder auf eine leichtere Form der Altersdemenz, spielt keine Rolle. Seine leichten, hüpfenden Bewegungen, etwas staksig zwar, aber nicht ohne Eleganz, könnte man fast als tänzerisch bezeichnen … (Von diesem Typen bin ich Gottseidank noch meilenweit entfernt!)

Halten wir auf jeden Fall fest: Zuviel Ballast macht unsere Lebensreise beschwerlich. Reisen wir mit leichtem Gepäck!

Da fällt mir das Märchen von *Hans im Glück* ein; es endet mit den Worten:

Mit leichtem Herzen und frei von aller Last sprang er nun fort, bis er daheim bei seiner Mutter war.

Der Weg der Gefühle: Lerne zu lieben und zu hassen!

Mit den Gefühlen ist das so eine Sache: sie können schön sein, aber auch lästig. Es hat lange gedauert, bis wir als Kind gelernt haben, wie wichtig es ist, sie unter Kontrolle zu bringen – ohne dass uns dies jemals völlig gelingen würde. Jetzt, wo wir erwachsen sind, kommen sie manchmal zur Unzeit, dann wieder gar nicht, oder sie kommen zu heftig und ohne Rücksicht auf die Erfordernisse der Situation. Manche haben im Verbergen ihrer Gefühle so große Erfolge erzielt, dass sie gefühllos geworden sind, oder auch nur so erscheinen. Jemand, der keine Gefühle hätte, wäre arm dran – es fehlte ihm ein Wahrnehmungsorgan.

Gefühle sind Signale, leiblich-seelische Botschaften, die uns etwas mitteilen über unsere Befindlichkeit, über unsere Beziehung zu Mensch und Welt. Das Spektrum der Gefühle ist große: Freude, Trauer, Lust, Angst, Scham, Wut, Ärger … Die Reihe ließe sich endlos fortsetzen, wobei unserer sprachlichen Differenzierungsfähigkeit keine Grenzen gesetzt sind. Da die Gefühle zu den »Dingen« gehören, die man nicht aufzeigen kann (also keine Dinge sind), brauchen wir die Sprache, um sie zu benennen; dann haben sie eine Bezeichnung – und sind fast wie ein Ding. Auf jeden Fall, Gefühle sind wirklich – ob sie nun willkommen sind oder stören -, sie wirken auf unser Verhalten und in hohem Grade auf unsere Mitmenschen.

Im Idealfall erleben wir unsere Gefühle und bringen sie in Worten, Gesten oder im Verhalten zum Ausdruck. Dann bin ich ganz bei mir, und die Mitmenschen wissen, woran sie sind. Aber wie gesagt, das ist nicht immer so einfach. Wie sang Hildegard Knef: *Der Mensch an sich ist feige und schämt sich für sein Gefühl …* Da wir zu gut erzogen oder einfach nur feige sind, da wir Rücksicht nehmen und die Folgen fürchten, erleben wir Gefühle als störend und versuchen sie – mehr oder weniger automatisch – zu vermeiden.

Dann sind die Gefühle vielleicht da, aber man lebt an ihnen vorbei. Egal, was kommt, du bleibst cool! Die demonstrative Coolness hat Vor- und Nachteile: Oberflächlich gesehen wirkt sie stark. Partner haben das Gefühl, gegen eine Beton- oder Gummiwand zu prallen. Aber da Gefühle auch »Wahrnehmungsorgane« sind, ist man ohne sie blind. Wer nicht auf seine Gefühle achtet, ist im Umgang vielleicht cool, aber starr.

Zu cool ist kalt. Zu cool sein wirkt schwach.

Etwas Weiteres kommt hinzu: Chronisch unterdrückte Gefühle machen krank. Ihre Energie bleibt gewissermaßen im Organismus stecken; leibliche Symptome (wie Kopfschmerzen, Magenbeschwerden, Schlafstörungen …) und psychosomatische Krankheiten können die Folge sein.

Es gibt Menschen, vor allem Männer, die sagen, so etwas wie Angst kennten sie nicht. Ihr Lieblings-Motto lautet: *Ein Indianer kennt keinen Schmerz!* In diesem Falle gibt es grundsätzlich zwei Möglichkeiten: Entweder ihre Aussage, so etwas wie Angst kennten sie nicht, ist eine Lüge; dann spielen sie, um die inneren Unsicherheiten zu überdecken, nach außen den starken Mann, und die demonstrierte Stärke wird umso gigantischer, je größer die innere Unsicherheit ist. Dieser Mechanismus ist fast normal und eigentlich leicht zu durchschauen. Dass die Aussage stimmt, und ihnen so etwas wie Angst- und andere Gefühle tatsächlich unbekannt sind, kommt ungleich seltener vor und ist der problematischere Fall. Jemand, der keine Angst hat, lebt ohne Alarmsystem. Weil er es nicht spürt, wenn es für ihn und andere gefährlich wird, lebt er in akuter Verletzungsgefahr. Er ist ein Risiko – für sich und die anderen.

In modernen Beziehungskisten ist es üblich, über Gefühle zu reden; Eingeweihte sagen über Gefühle *quatschen* … Zu betreiben ist das Gefühlsgerede, um sich besser kennen zu lernen, als Nahkampftechnik oder schlicht zum Zeitvertreib. Man kann dermaßen lange über Gefühle reden, bis niemand mehr etwas fühlt, außer Ärger, der natürlich auch ein Gefühl ist, aber vielleicht nicht mehr dasjenige, über das man reden wollte.

Dann gibt es immer noch ein probates Mittel, eine ultimative Waffe im Kampf mit seinen Gefühlen: Man kann sie *betäuben*. Fast alles, was heftig genug ist, eignet sich, um die Gefühle, die nicht ins Konzept passen, zu überdecken. Man kann konsumieren, sich vergnügen auf Teufel komm raus, sich Schmerzen zufügen, Sex haben und sogar arbeiten bis zum Umfallen, nur um seine wirklichen Gefühle nicht wahrnehmen zu müssen.

Die wirksamsten Zaubermittel sind die Drogen, und die beliebteste und am weitesten verbreitete Droge ist der Alkohol. Sie kennen das:

Für Sorgen sorgt das liebe Leben,
doch Sorgenbrecher sind die Reben.

In trüben Lebenslagen gilt:

Nimm's leicht, nimm Scharlachberg!

Oder:

Schütt die Sorgen in ein Gläschen Wein …!

Aus Trauer und Niedergeschlagenheit soll Lustigkeit, aus Langeweile soll Unterhaltung, Aufregung, Begeisterung werden.

Aus Ängstlichkeit und Sentimentalität wird Coolness.

Aus Kontaktscheu wird, wenn ich Glück habe, Geselligkeit.

So weit so gut. *Aber.* Dann kommt das große Aber:

Drogen sind schwer zu dosieren: Bei höherer Dosierung kann sich die Wirkung in ihr unerwünschtes Extrem oder ins krasse Gegenteil verkehren. Und oft weiß man vorher nicht genau, was passieren wird:

Aus Hemmungen-überwinden kann Enthemmung werden.

Aus Ärger-hinunterspülen, kommt es zur Entladung von Ärger in einer Art und Weise, die beim besten Willen so nicht erwünscht sein kann.

Aus dem Gefühl der Ohnmacht entpuppt sich arrogante Überheblichkeit.

Aus dem Wunsch nach Euphorie wird exaltierte Lustigkeit oder das heulende Elend.

Gemeinsamer Alkoholkonsum fördert die Geselligkeit; Überdosierung führt zu zwischenmenschlichen Problemen und zu sozialer Isolierung.

Und was hilft, wenn die Probleme zunehmen, anstatt abzunehmen? Erneuter Konsum des Suchtmittels! So kommt es dann zum Teufelskreis, von dem Suchtkranke so anschaulich berichten. Auf dem Weg der Abhängigkeit geht es – mehr oder weniger schnell – abwärts.

Liebe Leserin, lieber Leser, ich bitte Sie, mir diese Abschweifung ins Land der Suchtentstehung nachzusehen – nach so langer Zeit in diesem Metier bin ich vorbelastet. Die möglichen negativen Folgen vor Augen, übersehe ich gern die positive Seite – und ich spreche jetzt vom Alkohol, der in Form der verschiedenen alkoholischen Getränke, maßvoll konsumiert, auch ein Genussmittel und Kulturgut ist:

Wir schätzen seine erleichternde Wirkung.

Alkohol vermindert die Hemmungen, fördert Kontakt und Geselligkeit.

Sorgt für Entspannung …

Setzt einem trüben Tag ein Glanzlicht auf …

(Mit diesem Loblied höre ich aber ganz schnell auf; ich muss ja nicht gleich ins Gegenteil verfallen.)

Auf jeden Fall ist es besser, die Gefühle wahrzunehmen, als auszublenden oder zu betäuben. Die Kunst besteht darin, sie ernst zu nehmen und gewissermaßen mit dem inneren Auge das Auf und Ab der Gefühle zu verfolgen. Gut ist es, seine Gefühle auszuhalten, ohne sie zu sehr festzuhalten. Auch die schwierigen Gefühle sollten wir zulassen, gewissermaßen durch sie hindurchgehen, ohne uns an sie zu klammern.

Sich selbst zu verstehen ist eine lebenslange Aufgabe, die wir in unserem viel zu kurzen Leben nie vollständig lösen werden … Was wir vielleicht schaffen, ist, zum Experten oder wenigstens zum Kenner unserer selbst zu werden. Wenn wir Glück haben, werden wir unser Freund.

Wichtig ist es, beide Seiten gleichermaßen zu pflegen: *Liebe und Hass.*

Die Liebe ist, wenn es gut geht, geradezu der Inbegriff des Glücks. Vermutlich gibt es nichts Schöneres als *Liebesglück.* Für die meisten, vor allem für die jüngeren (und jung gebliebenen) Menschen, ist die Liebe geradezu ein Synonym für Glück. Ältere sind vielleicht froh und glücklich, wenn die Rente reicht und der Ischiasnerv Ruhe gibt. Doch im Allgemeinen gilt die Liebe als das höchste Glück. Nur Heroinabhängige habe ich kennen gelernt, die sagten, ein Schuss sei schöner als Sex. Andere meinen, Geld und Macht brächten den größeren Kick; wieder andere sagen, nur Fliegen sei schöner … Liebe und Sex eignen sich offenbar als Maßstab des Glücks. Ob in einer Liebesnacht der Mond scheint, ist nicht wichtig, und wenn man miteinander schläft, ist es nicht so wichtig, ob und wie gut man schläft, aber die Liebe, in welcher Form auch immer, ist eine Wucht; sie pflegen heißt, die geheimnisvolle und sich stets verwandelnde Landschaft von Sehnsucht, Bewunderung, Zuneigung, Zärtlichkeit, Erotik, Verlangen, Leidenschaft, Sex … offenen Sinnes zu durchwandern. Was wahrzunehmen ist, bewusst wahrnehmen; was es zu genießen gibt, bewusst genießen; was es zu leiden gibt, bewusst erleiden …
Was heißt es nun aber, den *Hass* zu pflegen? Der Hass bewahrt uns

vor zu großer Nähe. Trennung ist so wichtig wie Vereinigung. Seine eigene Grenze zu markieren, gibt Identität und Sicherheit. Ärger, Wut, Aggression sind Energieträger; wer sie rechtzeitig erkennt, nutzt ihre Kraft, zeigt Stärke. Zu oft wird das Gegenteil gepredigt. Den Sanftmütigen hat man schon immer zu viel versprochen. Zorn ist Energie pur.

Wer die Angst vor Liebe und Hass überwindet, dem gelingt es besser, die Balance von Abstand und Nähe von Augenblick zu Augenblick stimmig zu regulieren.

Das, was einen bewegt, ist auch bewegend für andere. Den Grad der Selbstkontrolle sollte man nicht übertreiben. Gefühle – auch die unangenehmen – klar zu äußern ist besser, als in sentimentalen Anwandlungen und depressiven Verstimmungen von ihnen heimgesucht und gepeinigt zu werden. Sich rechtzeitig zur Wehr zu setzen ist besser, als alles hinunterzuschlucken und dann, im unglücklichsten Augenblick, zu explodieren. Befürchtungen tagsüber einen Platz einräumen, erspart nächtliche Überfälle von Angst. Tagsüber nachdenken ist besser als nachts grübeln!

Deshalb:
Lerne zu lieben und zu hassen!

Nachtrag: Die Art, wie wir mit unseren Gefühlen umgehen, beeinflusst unser Lebensglück ganz wesentlich. Deshalb möchte ich noch eine theoretische und ein paar praktische Anmerkungen dazu machen.

In der Wahrnehmung unserer Gefühle gibt es meistens einen *Spielraum*, den wir nutzen sollten. Gemeint ist hier der Spielraum zwischen Physiologie und Psychologie. Die körperliche Reaktion auf eine Situation kann unterschiedlich interpretiert, also auch unterschiedlich emotional erlebt werden. Unser kultureller Hintergrund, unsere Erfahrungen, die bestimmte Art, wie wir die jeweilige Situation einordnen, spielen eine Rolle. Eine Aufgeregtheit, die der eine als lähmende Angst erlebt, gibt dem anderen den Kick einer Herausforderung. Panik oder

Lampenfieber? Dieser Spielraum ist vielleicht nicht sehr weit, aber weit genug, um über Glücklichsein und Unglücklichsein zu entscheiden.

Seit vielen Jahren fahre ich nach Griechenland in Urlaub, fast immer für zwei, drei Wochen nach Rhodos. Zu meinen Urlaubsbeschäftigungen gehört das Erlernen der griechischen Sprache, eine wahrhaft lebenslange und unmögliche Aufgabe. Das Langenscheidt-Lexikon, eine griechische Kurz-Grammatik und das eine oder andere Lehrbuch sind meine Urlaubsbegleiter. In einem dieser Bücher gibt es eine Lektion, in welcher der menschliche Körper besprochen wird. Da stehen zur Erweiterung des Wortschatzes so bedeutende Sätze wie: *Der menschliche Körper besteht aus dem Kopf, dem Rumpf und den Gliedern ... Das Gesicht besteht aus der Stirn, den Augenbrauen, den Augen, der Nase, den Wangen, dem Mund (der die Zunge und manchmal zweiunddreißig Zähne enthält) und dem Kinn.*

Der Mund, die Augen, die Augenbrauen sind bisweilen der Spiegel der Seele ... Jetzt wird es für unser Thema interessant: *Die Freude drückt sich besonders durch Lächeln oder das Lachen des Mundes aus. Die Trauer oder der Schmerz werden durch das ganze Gesicht ausgedrückt, und häufig durch die Tränen der Augen. Die Menschen sind froh oder betrübt oder gleichgültig ...*

Und dann steht ein Satz, der die ganze Weisheit eines glücklichen Lebens enthält:

Wenn Sie die Wahl haben, empfehlen wir Ihnen die Freude, die bei weitem angenehmer ist.

Wenn Sie die Wahl haben ... Das ist es! Manchmal haben wir keine Wahl, manchmal haben wir ein bisschen die Wahl ... Der Spielraum ist enger oder weiter, manchmal gleich null. Aber oft gibt es doch einen Spalt, der uns die Freiheit, ein bisschen Freiheit oder einen Hauch von Freiheit lässt, um uns zur Freude zu entschließen, die eine angemessene (oder mögliche) Reaktion auf unser Menschsein ist und vielleicht auch eine angemessene (oder mögliche) Reaktion auf die konkrete Situation, in der wir uns gerade befinden.

Auch im übertragenen Sinne, auf der zwischenmenschlichen Ebene, kann man die Wahlmöglichkeit, sofern sie besteht, für ein gutes Miteinander nutzen. Dafür zwei Beispiele.

Eine Fachklinik für Suchtkranke ist auf eine gute Zusammenarbeit mit ambulanten Beratungs- und Behandlungsstellen angewiesen. Es gab eine bestimmte Beratungsstelle, sie gehörte sogar unserem eigenen Verband an, mit der wir uns völlig verhakt hatten. Missverständnisse, Schuldzuweisungen, jede Nachfrage wurde als Zumutung oder sogar als Angriff gewertet. Weil es so nicht weitergehen konnte, nahmen wir allen Mut zusammen, riefen dort an und baten um ein klärendes, offenes Gespräch. Offenheit ist ein zentraler Punkt in der Ideologie sozialer Arbeit; Offenheit sollte den Konflikt bereinigen. Offenheit ist mühsam, gilt aber als Allheilmittel. Absolute Offenheit ist unmöglich und eignet sich von daher als Ideal, das man sich gegenseitig vorhalten kann. Mit dem kompletten Team fuhren wir hin. Unterwegs malten wir uns die unvermeidliche Konfrontation aus, sammelten noch einmal unsere Argumente und versuchten uns auf die zu erwartende *offene* Auseinandersetzung einzustellen. Als wir ankamen, wurden wir freundlich begrüßt. Die Leiterin der Beratungsstelle sagte: *Geredet haben wir schon viel, wir dachten, es heute mal anders zu machen. Ihr seid jetzt schon zwei Stunden im Auto gesessen, beginnen wir doch den Tag mit einer kleinen Wanderung über die Schwäbische Alb, dort blühen zurzeit viele Orchideen. Reden können wir später …* Wir staunten und machten, zunächst etwas verlegen, eine wunderschöne und unvergessliche Orchideenwanderung. Nachher versammelten wir uns im Besprechungsraum der Beratungsstelle. Jetzt, dachten wir, jetzt wird es zur Sache gehen. Die Leiterin sagte: *Es ist schön, dass Ihr heute zu uns gekommen seid. Wie selten hat man doch Zeit, einmal gemütlich zusammen zu sitzen. Wir haben ein Raclette vorbereitet und nachher gibt es Eis von Mövenpick!* – Wir staunten, aßen Raclette und Eis von Mövenpick, machten Scherze, lachten viel und fühlten uns wohl. Als wir zurückfuhren, waren wir immer noch etwas irritiert. Hatte man uns um die erwartete *offene* Auseinandersetzung gebracht? Wo war der Frust geblieben? Hat der Konflikt sich etwa in Rauch aufgelöst? Unter welchen Teppich wurde er gekehrt? Hat man uns in aller Freundschaft über den Tisch gezogen? Aber wir mussten zugeben: Wir fühlten uns wohl. Das war ein ganz besonderer Tag! Unsere Arbeitsbeziehung zu dieser Beratungsstelle erhielt von da an einen exquisiten, geradezu freundschaftlichen Charakter. Wenn fortan der Name der Leiterin erwähnt wurde, ging ein Lächeln durch die Runde, und wir dachten an Orchideen, Raclette und Eis von Mövenpick.

Ein typisches Beispiel aus der Paartherapie:

(Gestatten Sie mir ein Beispiel mit traditioneller Rollenverteilung; es ist auf ähnliche Situationen leicht zu übertragen.) Der Mann kommt heim, gestresst. Die Frau, nicht weniger gestresst, empfängt ihn an der Türe mit Vorwürfen über die Kinder. Jetzt kommt es darauf an: Innerhalb von einer Sekunde entscheidet sich, wie der Abend verlaufen wird. Entweder ein Wort ergibt das andere, Stress kommt zu Stress, Frust zu Frust, und die Spirale des Ärgers setzt sich immer unaufhaltsamer in Gang. Oder einer von beiden ist in der Lage, den schmalen Spalt der Freiheit, der sich in diesem noch unschuldigen ersten Augenblick des Zusammentreffens auftut, zu nutzen, nimmt den Partner / die Partnerin in den Arm und sagt: *Schatz, ich bin froh, dass es dich gibt ...!*

Nicht verschweigen will ich: die Methode hat einen winzigen Nachteil: Sie haut oft nicht hin. Nicht nur, dass sie nicht immer funktioniert, sie kann schrecklich danebengehen. *Wenn du glaubst, mich mit einem Schmus beschwichtigen zu können, dann täuschst du dich!* ... Oder so ähnlich. Damit die den Partner überraschende Gefühlsäußerung auf einen guten Boden fällt, muss sie erstens stimmig, also authentisch sein, und zweitens, was noch schwieriger ist, zum richtigen Zeitpunkt erfolgen. Das aber ist ohnehin das Geheimnis aller Geheimnisse: Wie findet man den richtigen Zeitpunkt? – Von der Kunst der Antizipation könnte man sprechen, von der Entwicklung eines besonderen Gefühls für seine Mitmenschen, das deren Reaktion im Voraus erahnen lässt, womit wir wieder bei den Gefühlen wären. Dass es der richtige Zeitpunkt nicht war, merkt man meistens erst hinterher.

Neulich war ich zusammen mit meiner Frau in einem China-Restaurant. Zum Abschluss bekamen wir Glückskekse. In meinem befand sich ein Zettelchen mit der Aufschrift: *Freunde der Bücher gehen nie allein ins Bett.* Auf dem meiner Frau war zu lesen: *Wenn du etwas erhalten willst, musst du zuerst etwas geben.* – Wieviel Weisheit in ein bisschen Gebäck!

Der Weg des Geistes: Gebrauche deinen Verstand – aber bleib offen für das, was du nicht verstehst!

Auf den ersten Blick könnte man meinen, dass bei der Suche nach dem Glück der Verstand nur eine unbedeutende Nebenrolle spiele, vielleicht sogar die Rolle des lästigen Störers. Sind wir nicht alle viel zu »verkopft«? Nicht auf den Kopf komme es an, sondern auf das Herz – oder noch etwas tiefer: das Bauchgefühl müsse stimmen. Aber um den Grad der Zufriedenheit zu erreichen, den wir uns wünschen, braucht es Verstand. Selbst die elementaren Genüsse, die für unser Wohlbefinden so wichtig sind, erfordern den Einsatz des Verstandes. Denn was gibt das: Essen ohne Verstand? Trinken ohne Verstand? Freundschaft ohne Verstand? Liebe ohne Verstand? Sex ohne Verstand? – Selbst der berühmte Sechser im Lotto, was wird aus ihm, wenn der Gewinner zwar Glück hatte, aber keinen Verstand?

Genuss ohne Verstand ist – von wenigen Ausnahmen abgesehen – sowohl dumm als auch schädlich. Also: Das Glück der Zufriedenheit setzt Verstand und dessen Anwendung voraus.

Je weiter wir von uns weg und auf die größeren Zusammenhänge schauen, umso wichtiger wird der Verstand:

Gesundheit ist eine Gabe der Natur (oder ein Geschenk Gottes, oder ein Produkt der genetischen Konstitution) – um sie zu pflegen und zu erhalten braucht es Verstand.

Die finanzielle Grundlage verdankt sich vielen Umständen – um sie zu sichern, braucht es Verstand. Sein Geld kann man erben (was die bequemste Art ist), man kann es aber auch durch Arbeit mühsam erwerben, durch List ergaunern, mit Sorgfalt vermehren ... egal wie, man braucht dazu Verstand.

Um seine Zeit so einzuteilen, dass das Glück sich in ihr niederlässt wie ein Täubchen, oder wie der berühmte Spatz, der einen Platz für sein Nest sucht, braucht es Verstand.

Für den Aufbau und die Erhaltung familiärer und freundschaftlicher Beziehungen, die für jenes ausgewogene Verhältnis von Geborgenheit und Aufregung sorgen, das uns bekömmlich ist, braucht es Verstand.

Um Kinder zu machen, die doch für viele Menschen das höchste Glück bedeuten, braucht es zwar keinen Verstand, um sie zu erziehen dagegen schon.

Um unsere Freiheit zu sichern, braucht es Verstand.

Um unsere Wirtschaft am Laufen zu halten und gleichzeitig unsere ökologische Basis zu sichern, bräuchte es den Verstand aller Beteiligten, was in Wirklichkeit nicht zu erwarten ist.

Damit wir in geordneten sozialen und politischen Verhältnissen leben können (sodass die Angst vor den anderen sich in Grenzen hält), braucht es sehr viel Verstand.

Um uns vor Natur- und Sozialkatastrophen zu schützen, braucht es Verstand, auch wenn der Verstand, weil nicht alles machbar und zu verhindern ist, hier seine Grenze findet.

Um innere und äußere Ausgeglichenheit zu erreichen, braucht es eine Menge Verstand – aber dies ist unsere Lebensaufgabe.

Um eine Arbeit zu finden, die Freude macht, vielleicht sogar sinnvoll ist, braucht es Glück und Verstand, womit wir wieder beim Glück angelangt sind.

Dass unser Verstand uns nicht daran gehindert hat (und nicht daran hindert), unsere Umwelt zu zerstören, zeigt dessen Kurzsichtigkeit. Kurzsichtigkeit des Verstandes ist ein anderer Ausdruck für Dummheit.

Trotzdem: Um in dieser Welt glücklich und zufrieden zu werden, brauchen wir Verstand. Das Problem ist, dass wir, um friedlich zusammenzuleben und um unsere soziale, ökonomische und ökologische Umwelt funktionsfähig zu erhalten, hundertmal mehr Verstand bräuchten, als wir haben. (Vom guten Willen, mit dem angesichts der Interessenkonflikte nicht zu rechnen ist, ganz zu schweigen.)

Das Loblied auf den Einsatz des Verstandes ist gut und recht; es ergeben sich zwei grundsätzliche Schwierigkeiten:

1. Der Verstand stößt an Grenzen. Einiges versteht man, vieles versteht man nicht … Die Summe der offenen Fragen ist um ein Vielfaches größer als die Summe der Antworten. Je mehr man weiß und versteht, umso klarer wird einem, wie wenig man weiß und wie wenig man versteht. Sowohl die technische als auch die soziale Welt sind so unüberschaubar geworden, dass es einem Wunder gleichkommt, dass sie überhaupt funktionieren. Nur die einfachen Geister meinen, sie wüssten Bescheid; nur die Blinden meinen, sie hätten den Überblick. Der Tatbestand ist paradox: Leute, die sich einbilden, besonders gescheit zu sein, sind in Wirklichkeit dumm.

Andererseits: Etwas Dummes sagen ist nicht besonders schlimm. Dummes sagen – oder schreiben – ist unvermeidlich. Schlimm ist es nur, es feierlich zu sagen – oder zu schreiben -, mit dem Pathos der Allwissenheit, der Einbildung, der Macht. Sobald zu viel Feierlichkeit ins Spiel kommt, wird das Spiel gefährlich. Warum nähern sich Staatsfeierlichkeiten so gerne dem Kitsch?

Auch der Tiefsinn bedarf der Einfachheit. Den wahren Tiefsinn gibt es nur an der Oberfläche.

Ehrlich dumm zu sein macht vielleicht sogar weise. Ehrlich erfolglos zu sein, macht sanft. Vielleicht werden wir eines Tages sagen können: Unsere Erfolglosigkeit und unsere Dummheit haben uns sanft und weise gemacht?

2. Der Verstand darf nicht sich selbst überlassen bleiben; er braucht die Leitung von Seiten der Vernunft und des Herzens. Der Verstand neigt dazu, kurzfristig zu denken und sich an einfachen Mittel-Zweck-Relationen zu orientieren; das geht, was die Wirkung anbelangt, langfristig oft schief. Er braucht die Leitung von Seiten der Vernunft. Entscheidend sind die übergeordneten Zusammenhänge und die Beachtung der Langzeitfolgen; dies gilt sowohl für die physische, als auch für die biologische und soziale Ökologie. Unser Verstand ist völlig ausreichend, um unsere Umwelt kurzfristig auszubeuten und langfristig zu zerstören; um diesen Zusammenhang zu durchschauen und zu durchbrechen, brauchen wir Vernunft. Nur wenn unser Verstand sich von der Vernunft leiten lässt, gewinnt er den Ehrentitel *Klugheit*.

Aber auch Vernunft und Klugheit reichen nicht aus. Bei der Festsetzung von Zielen kommt das Herz mit ins Spiel. Maßgebend ist immer das, woran ich mein Herz gehängt habe, das, was ich liebe. Die wichtigsten Entscheidungen werden im Herzen getroffen; das sind Vor-Entscheidungen, denen der Verstand hinterherläuft; um das Ergebnis zu bestätigen, macht auch die Vernunft eine Verbeugung.

Trotzdem, den Verächtern des Verstandes und der Vernunft sei gesagt: Der Verstand ist vielleicht nur eine trübe Laterne, deren spärliches Licht nicht weit reicht, und auch die Vernunft ist nicht so erhaben und unabhängig, wie wir's gerne hätten, aber leider, viel mehr haben wir nicht, um uns zu orientieren. Der Verstand, so schwach er auch sein mag, die Vernunft, so leise ihre Stimme auch klingen mag, und so sehr beide zusammen verführbar sind, sie sind unsere besten und wichtigsten Instrumente. In der größten Dunkelheit ist man froh, wenn man eine Taschenlampe hat oder ein Streichholz. Sogar mit dem Display seines Handys kann man auf kurze Reichweite das Dunkel erhellen. Also, ein guter Verstand, geleitet von Herz und Vernunft, ist alles, was wir haben. Über die Dunkelheit mag man sich ärgern, man kann sie bekämpfen oder sie als das uns umgebende Geheimnis still verehren … Wie dem auch sei, um ein geordnetes, zufriedenes Leben zu führen, brauchen wir den Verstand, die Vernunft, das Herz … Nur so steuern wir unser Verhalten, soweit es sich steuern lässt, nur so erkennen wir vorausschauend die Folgen, sofern wir in der Lage und willens sind, diese zu erkennen. Aber genau so entsteht *Sinn*. Sinn heißt, sich in einem größeren Zusammenhang erleben. Sein Tun und

Denken als *sinnvoll* zu erleben, ist vielleicht nur eine andere Umschreibung des Glücks.

Das Ideal jemals zu erreichen, ist alles andere als einfach, vielleicht sogar unmöglich. Woody Allen – er gehört zu den wenigen, die die Welt nicht so beschreiben, wie sie sein sollte, sondern wie sie ist – sagt dazu: *Das Schwierigste am Leben ist es, Herz und Kopf dazu zu bringen, zusammenzuarbeiten. In meinem Fall verkehren sie noch nicht mal auf freundschaftlicher Basis.* Die Zusammenarbeit von Kopf und Herz auf freundschaftlicher Basis zu fördern, beschreibt treffend das Ziel persönlicher Entwicklung.

Dazu einige Stichworte:

Ich denke, wir sollten ehrlich bleiben in dem, was wir wissen und nicht wissen, was wir verstehen und nicht verstehen.

Es ist gut, zu wissen, wie die Dinge funktionieren, aber lassen wir uns überraschen, wenn sie anders (oder gar nicht) funktionieren.

Etwas zu wissen und seinen Verstand zu schulen, macht Spaß.

Wir sollten aber auf das Vergnügen verzichten, so zu tun, als wüssten wir immer Bescheid.

Wenn wir unsere spärlichen Erkenntnisse zu aufwendig dekorieren, verlieren sie an Überzeugungskraft, was sie an Feierlichkeit gewinnen.

Es gibt auch so etwas wie Tiefsinnskitsch. Begnügen wir uns mit der Oberfläche, aber betrachten wir diese genau.

Wir haben keinen Grund, uns überlegen zu fühlen!

Wir sollten unseren Verstand pflegen und gebrauchen, ihn aber bei der Wahl der Ziele und Mittel nicht sich selbst überlassen.

Wir sollten über den Tag hinaus und, wenn möglich, an die Folgen denken.

Sogar die Vernunft hat ihre Grenzen; zu gern läuft sie unseren ausgesprochenen und noch viel lieber unseren unausgesprochenen Interessen hinterher.

Wo die Liebe hinfällt, werden sich die Argumente schon finden. Wo der Hass hinfällt, sind die Argumente schon da.

Dennoch, die beste Ratgeberin ist die Vernunft, aber eine Spur Misstrauen ist auch ihr gegenüber nicht fehl am Platz.

Auch die Wissenschaft, oder besser die Wissenschaft*en* (weil es *die* Wissenschaft nicht gibt), sind, weil sie nicht in der Lage sind, aus sich heraus zu sagen, was für den Menschen gut ist, sowohl mit Verstand zu betreiben als auch mit Vorsicht zu genießen.

Eine grundsätzlich skeptische Haltung ist gut, aber wir dürfen deshalb nicht die Hände in den Schoß legen. Was wir für richtig halten, sollten wir nach Möglichkeit tun.

Für das, was wir nicht verstehen, heißt es offen zu bleiben.

Der Dunkelheit gegenüber, die uns umgibt, sollten wir Freundlichkeit zeigen, in der Hoffnung, dass sie sich auch uns gegenüber als freundlich erweist.

Wir müssen auf unser Gewissen hören, das manchmal lästig aber sorgfältig zu pflegen ist.

Wir haben großes Glück, wenn unser Gewissen mit leiser Stimme spricht, uns nicht vor den Abgrund stellt. Kein Held sein zu müssen, was für ein Glück! (Aber ich denke oft und mit größter Verehrung an die Geschwister Scholl.)

Was immer auch kommen möge: Wir sollten tapfer bleiben und aufrecht!

Weisheit lässt sich nur in einem guten Herzen nieder.

Aber wer will denn schon weise sein? fragt man als junger Mensch. Weisheit klingt sehr ausgeglichen, altmodisch, fad, uncool. Als junger Mensch liebt man die Unausgeglichenheit, man will etwas erleben, etwas auf die Beine stellen, etwas bewegen. Und sogar die Alten machen gerne auf jung. (*Je oller, je doller …*) Wie sang doch Curd Jürgens? *Sechzig Jahre und kein bisschen weise, aus gehabtem Schaden nichts gelernt. Sechzig Jahre auf dem Weg zum Greise und doch sechzig Jahr' davon entfernt …*

Weisheit kann man nicht direkt anstreben. Dafür ist das Leben einfach zu kurz und viel zu interessant. Junge Menschen, die weise sein wollen, haben sich im Fahrplan geirrt; alte Menschen, die nicht wenigstens ein bisschen weise geworden sind, haben den Zug verpasst. (Aber alte Menschen, die von sich beanspruchen, weise zu sein, sollte man abfahren lassen.)

Man sagt, erst, wenn man sehr alt sei, komme man vielleicht dahinter, dass es auf die wichtigen Fragen, die gestellt werden müssen, keine Antworten gibt, und man lerne schließlich, auch die wichtigen Fragen zu vergessen. Wie dem auch sei, ein erfülltes Leben kann man nicht bewusst erzwingen. So gut es normalerweise ist, seine Verstandeskräfte anzustrengen, an diesem Punkt ist weniger mehr. Was man jedoch kann, ist: seinen Verstand mit Vernunft zu gebrauchen und auf dem Weg des Herzens zu bleiben. Der Weg des Herzens aber muss für die Zukunft offen sein. Und so hat vielleicht auch Montaigne recht, wenn er sagt: *Über unser Glück sollte man erst nach unserem Tode urteilen* (Essay Nr. 19).

Für die Gegenwart gilt:

Gebrauche deinen Verstand, aber bleib offen für das, was du nicht verstehst!

Der Weg des Glaubens: Vertrau' auf Gott …, wenn du kannst!

Manche sagen – und sie wollen sich damit beruhigen – die Religion sei auf dem Rückzug, andere warnen, genau das Gegenteil sei der Fall: Schlimmer denn je verbreite sie Angst und Schrecken. Die Frage nach der Religion scheint aktuell, aber nicht sehr gemütlich zu sein. Trotzdem, da wir uns zu den aufgeklärten Menschen zählen und uns das eigene Denken nicht verbieten lassen, fragen wir:

Den Lieben-guten-alten-Gott, gibt es ihn, und wenn ja, brauchen wir ihn?

Spätestens an dieser Stelle wird klar, dass hier nur ganz persönliche Antworten zulässig sind. Ich könnte jetzt eine witzige Bemerkung machen, in der Art: *Gott ist auch nicht mehr das, was er mal war!* Manchmal denke ich, die großen Themen halten wir nur noch aus, indem wir sie ins Lächerliche ziehen. Den Abgrund witzig überspielen, darin sind wir Weltmeister. Aber nein, ich werde mich ernsthaft äußern, auch wenn solche Äußerungen als peinlich empfunden werden. Kurz und knapp will ich meine Meinung sagen; ich stelle sie in den Raum – die Leserin, der Leser kann sie zur Kenntnis nehmen, sie würdigen, sich anregen lassen, oder ungeniert in die Tonne werfen.

Die Frage, ob es Gott *gibt*, ist sinnlos. Nur wenn er ein Ding, eine Sache oder eine Person wäre, könnte man sagen, dass es ihn gibt oder nicht gibt.

Das Taoteking des Laotse (ich habe es bestimmt schon hundertmal gelesen) beginnt mit den Worten: *Das Tao, das benannt werden kann, ist nicht das Tao.*

Auch die Antworten der exaktesten Wissenschaft führen letztlich zu weiteren Fragen. Dass unser Dasein, dass Raum, Zeit und Welt … einem Geheimnis entspringen, leuchtet unmittelbar ein. Jede Benennung will dieses Geheimnis zu einem Ding machen und führt von ihm weg … aber das Tao, das benannt werden kann, ist nicht das Tao.

Von Natur aus neige ich dazu, dieses Geheimnis (ob man es nun Gott nennt oder nicht) zu verehren.

Aber niemand ist gezwungen, dieses Geheimnis zu verehren – man darf es links liegen lassen. Es ist zulässig, normal und gesund, so zu tun, als ob alles klar wäre.

Wir leben ganz gut auch ohne Gott. (Falls wir einen letzten Grund suchen, haben wir immer noch den *Zufall*, der scheinbar alles erklärt, das heißt nichts erklärt.)

Wer ohne Gott auskommt, muss kein schlechter Mensch sein. Und verzweifeln kann man mit und ohne Gott.

Wer mit Gott nichts am Hut hat, ist fein raus. Denn jetzt beginnen die Probleme: Religionen beruhen auf Erzählungen oder Offenbarungen, die das Geheimnis fassbar machen. Jede Religion glaubt sich im Besitz der absoluten, alleinseligmachenden Wahrheit. Was wäre das für eine Religion, die von sich sagte, ihre Wahrheit sei nur eine unter vielen? Solange die Kulturen mehr oder weniger deutlich voneinander getrennt sind, ist das kein großes Problem. Aber in Zeiten der Globalisierung erleben wir Religion im Plural, und das in einer unmittelbaren, hautnahen, unausweichlichen Heftigkeit, die es so vorher nicht gab.

Wem Gott nichts sagt, tut sich leicht: er sieht die kulturelle Bedingtheit der verschiedenen Religionen, betrachtet sie als Produkte menschlicher Kreativität, als gigantische Beruhigungsmittel, als soziale Verdummungsversuche, als Trostveranstaltungen für die Zukurzgekommenen, als für den Staat wichtige Erziehungsprogramme, vielleicht auch als folkloristische Erscheinungen, die man mit Interesse studieren kann. Für die Gläubigen aber ist Religion mehr: Sie gibt Orientierung, Identität, schützt vor der Zumutung des Absoluten. Sie definiert Zugehörigkeit, zieht die Grenze zu den Andersgläubigen, rechtfertigt den Kampf ums Überleben und damit den Kampf um die Macht – Religion ist wichtiger als Brot. Und natürlich kann sie auch als Deckmantel dienen, um Hass, Rache und die fürchterlichsten Formen von Größenwahn und Nationalismus zu verbergen. Ist es nicht merkwürdig, dass in unserer Zeit gerade Menschen sich um die Verteidigung unserer christlich-abendländischen Kultur zu kümmern vorgeben, von denen man nicht den Eindruck hat, dass ihnen die abendländische Kultur und das Christentum besonders am Herzen lägen. Das Bedrohungsgefühl und die daraus resultierende Fremdenfeindlichkeit werden oberflächlich getarnt.

Ergebnis: Das Zusammenleben in Frieden und Freiheit ist bedroht.

Der Weg der Globalisierung ist nicht umkehrbar. Auch wenn viele davon träumen, die alte Kirchturmvertrautheit wieder herzustellen, es führt kein Weg zurück. Wir können das Rad nicht zurückdrehen, jetzt hilft nur noch *Toleranz*. In der einen Hand halten wir die Schriften der Aufklärung, in der anderen das Grundgesetz und sagen das, was man auch seinen Kindern sagt: *Vertragt euch!*

Für die religiös Indifferenten ist das kein großes Problem, da sie selber von Religion nichts halten, sie auch nicht für ihr seelisches Gleichgewicht benötigen. Aber wer seiner Religion gläubig angehört, seine Identität aus ihr bezieht, wie soll er den Abstraktionsgrad schaffen, der hier von ihm verlangt wird: Gott und seiner eigenen Religion treu bleiben und den Gläubigen der anderen Religionen offen begegnen? Gott als den einen Gott sehen, der über allen Religionen steht, als den einen Gott, zu dem die verschiedenen Religionen ihre verschiedenen Wege gefunden haben?

Natürlich kann man als Lösung fordern, alle Religionen abzuschaffen und zu sagen: Ethik ist wichtiger als Religion. Auch könnte man versuchen, aus ihnen eine rationale Religionslehre zu destillieren, die auf die konkreten Bilder verzichtet und alle befriedigen soll … Aber das wäre so künstlich wie eine von Sprachwissenschaftlern ausgedachte Gemeinschaftssprache. Der Zauber wäre dahin. Der Verstand hat hier einen schweren Stand, das Herz ist hartnäckig.

Für mich gilt:

Ich möchte das Göttliche verehren, wo immer ich es finde, und ich möchte jede Religion ehren, meine eigene und jede andere.

Menschen, die alles Religiöse abwehren als handelte es sich um Grippeviren, möchte ich respektieren. Die Freiheit zur Religion beinhaltet die Freiheit zur Nichtreligion. (An die fanatische Leidenschaft mancher Atheisten muss man sich allerdings erst gewöhnen.)

Was mich sehr in Erstaunen versetzt, ist die Tatsache, dass wir Menschen es reibungslos schaffen, unser Dasein in dieser unerklärlichen Welt als alltägliche und damit banale Gegebenheit einfach so hinzunehmen. Wir richten uns mit dem Unerklärlichen ein, als ob alles so sein müsste, wie es ist. Wie gelingt es uns, die Illusion der Selbstverständlichkeit aufrechtzuerhalten? Wie schaffen wir es, die Anfechtungen, die uns wie Sternschnuppen aus dem Unerklärlichen zufallen, einfach auszublenden?

Wer normal sein will, lebt, als ginge alles immer so weiter, als gäbe es den Tod (vorerst) nur für die anderen. Man geht zu Tante Emmas Beerdigung und denkt nicht an die eigene. Der Onkel Franz macht's auch nicht mehr lange.

Ein *gesunder* Mensch lebt – ohne größere Irritationen – gemütlich vor sich hin. Er arbeitet, trifft sich mit Freunden, liebt, streitet sich, spielt oder sieht gerne Fußball, geht in die Kirche – oder auch nicht, pflegt seine Feinde, geht einkaufen (Dinge, die man braucht und noch lieber Dinge, die man nicht braucht …), geht am Sonntag ins Thermalbad, schaut sich einen Film an und sucht sein Vergnügen … Gegen die Zumutungen des Schicksals gibt es Versicherungen: Krankenversicherung, Unfallversicherung, Invalidenversicherung, Haftpflichtversicherung, Lebensversicherung usw. Sogar seine Beerdigungskosten kann man versicherungsmäßig im Voraus begleichen. Anfälle unzeitgemäßer Nachdenklichkeit sind Gott sei Dank vorübergehender Natur; ein bisschen Zerstreuung hilft Wunder. Wenn sogar der Besuch eines Vergnügungsparks (eines

Freizeitvernichtungsparks) sich als nicht ausreichend erweisen sollte, kommt ein Gespräch beim Hausarzt in Frage, der ohne Stirnrunzeln ein paar Pillen verschreibt; mit ernsteren Fällen beschäftigt sich der Psychiater, der schließlich auch leben will … Depressionen gehören behandelt. Die Midlifecrisis wird mit oder ohne Pillen bewältigt. Oberstes Ziel und Hauptsache ist, dass alles schön gesund wird und bleibt und so weiter läuft, immer so weiter läuft, ewig so weiter läuft, was natürlich gut und richtig und wichtig ist, sich aber auf brüchigem Boden bewegt. Gesund und normal zu sein, was für ein Glück!

Dazu einige *Stichworte*:

Wir bewegen uns in einem Paradies der Oberflächlichkeit.

Wir zerstreuen uns in alle Richtungen.

Wir feiern auf der Titanic.

Wir leben in einer Art Trance.

Damit alles normal bleibt, sind wir normal.

Wir sitzen in einem Flugzeug und wissen, dass es keine weiche Landung geben wird.

In unregelmäßigen Abständen sagt die Stewardess: *Alles wird gut.*

Mit sonorer Stimme erklärt der Kapitän Flughöhe und Wetter.

Der Bewegungsspielraum ist etwas eingeengt, aber wenn die Verpflegung so bleibt, sind wir zufrieden.

Wo bleibt mein Tomatensaft mit Pfeffer? (Auch Leute, die sonst nie Tomatensaft trinken, im Flugzeug trinken sie Tomatensaft mit Pfeffer.)

Welchen Film spielen sie heute an Bord?

Mit einem Kreuzworträtsel kann man sich die Zeit vertreiben.

Für Leute, die denken wollen, gibt es Sudokus (einfache, mittelschwere und solche für Ratefüchse).

Die Zeit ist so begrenzt und unendlich.

Ab und zu nicken wir ein.

Und wir hoffen auf eine weiche Landung (, die es nicht gibt).

Immer wieder denke ich an den Mann, der zu einem Reporter, als dieser ihm anlässlich einer Wahlberichterstattung ein Mikrofon unter die Nase hielt, gesagt hat, er gehe nicht zur Wahl; was er wähle, sei *ein Ring Fleischwurst und ein Kasten Bier! –* So würde er vermutlich auch antworten, wenn man ihn nach dem *Sinn seines Daseins* befragte, wobei, zugegeben, die Frage nach dem Sinn des Daseins eine schwierige, unmögliche, stets unangebrachte, vielleicht sogar unverschämte, weil sinnlose Frage ist. Manchmal ertappe ich mich dabei, dass ich den Mann mit seinem Ring Fleischwurst und seinem Kasten Bier auch ein bisschen beneide (und es gibt Augenblicke, wo ich ihm nacheifere). Jedenfalls gab der Mann, als er sagte, er wähle einen Ring Fleischwurst und einen Kasten Bier, auf eine schwierige Frage eine präzise Antwort. Man werfe ihm nicht vor, er sei nicht motiviert, er ist es. Dass er so leben kann, ist schön und schrecklich zugleich.

Warum schrecklich? *Du hast nur dieses eine Leben,* sagt eine leise, aber aufdringliche innere Stimme. *Hast du ernsthaft vor, durch dieses Leben blind hindurch zu stapfen – mit einem Ring Fleischwurst und einem Kasten Bier?*

Dann denke ich an die schöne Geschichte von den heiligen Jungfrauen, deren Aufgabe es ist, ein heiliges Feuer zu bewachen. Ich stelle mir einen weiträumigen, kühlen Tempel vor; das ALLERHEILIGSTE, das niemand sehen darf und seit Menschengedenken niemand gesehen hat, wird durch einen schweren, goldenen Vorhang verdeckt. Niemand kann sagen, was sich hinter diesem Vorhang wirklich verbirgt. Einen uralten Priester soll es geben, der als junger Mann in der Turbulenz eines Erdbebens einen kurzen Blick hineingeworfen habe, aber der sei mittlerweile blind und habe seit vielen Jahren kein Wort mehr gesprochen. Was befindet sich hinter dem schweren, goldenen Vorhang? Ist es das Bildnis eines Gottes, ist es die Statue einer tanzenden Göttin, ist es ein gigantischer Zufallsgenerator, der die Lose auswirft, ist es ein Mülleimer, den jemand vor Jahren vergessen hat, oder ist dort einfach nur staubige Leere und … nichts? Vor dem Vorhang aber brennt ein Feuer, das niemals ausgehen darf. Gibt es eine schönere, edlere, heilsamere, tröstlichere Aufgabe, als dieses heilige Feuer zu hüten?

Vielleicht ist es so, vielleicht aber auch ganz anders, und das Unbestimmbar-Göttliche hat sich in den großen Gestalten, in Buddha, Christus, Mohammed … persönlich *offenbart*, uns Menschen eine unüberhörbar-heilige Botschaft geschickt, eingekleidet in verschiedene Sprachen und kulturelle Zusammenhänge? Und wir, sprachlich und kulturell zusammengewürfelt, geistig überfordert und seelisch verlottert, leben jetzt in großer Verwirrung?

Wie dem auch sei, da wir immer alles ganz genau wissen wollen, haben wir jetzt ein Problem; am besten, wir werfen es, bevor es uns den Schlaf raubt, in den Mülleimer, wo genug Platz ist auch für die großen Rätsel der Menschheit, und tun so, als ob nichts wäre. Ist alles Religiöse nicht doch ein bisschen infantil? Wer beschäftigt sich mit dem Jenseits, haben wir im Diesseits nicht genug zu tun? Es gibt in Wirklichkeit nichts Wichtigeres als Geld zu verdienen, es auszugeben, für Ablenkung zu sorgen. Mit der Aufgabe, ein erträgliches Miteinander herzustellen, sind wir völlig ausgelastet. Das Denken soll man bekanntlich den Pferden überlassen, die haben die größeren Köpfe.

Aber: Wie schaffen wir Menschen es, die Frage nach Gott *nicht* zu stellen? Wie abgebrüht müssen wir sein, einfach so zu tun, als wäre alles einfach nur … normal? Woher nehmen wir die Kraft der Banalisierung?

Wir fürchten uns vor Fanatismus: Glauben ist gut und recht, zu sehr glauben ist eine Katastrophe. Während der Eiferer einfach nur lästig ist, wird der religiöse Fanatiker zum Problem. Ein Eiferer wirkt abstoßend, ein Fanatiker gefährlich; im Glauben verunglückt sind beide.

Der Gott, der für tot gehalten wurde, rächt sich, indem er uns die Fanatiker schickt, aber ich kann mir nicht vorstellen, dass er sie liebt.

Unverträglich mit Fanatismus sind Klugheit, Weisheit, Dankbarkeit ... aber auch Einfühlung, Mitgefühl, Mitleid, Freundschaft, Liebe, Interesse an anderen, Freude am Leben.

Deshalb: Lieber etwas mehr Unsicherheit als vermeintliche Sicherheit!

Lieber etwas mehr Zerrissenheit als Friede, Freude, Eierkuchen.

Lieber etwas mehr Gottferne als fanatische Gewissheit.

Lieber etwas mehr Sehnsucht als falsche Erfüllung. (Aber dass Fußball als Weltreligion anerkannt werden soll, ist ein Gerücht.)

Vielleicht sollten wir dem lieben Gott einen Computer zur Verfügung stellen, damit er, nach den Gesetzen der Digitalisierung, der Verwirrung von oben her ein Ende macht?

Unsere Eingangsfrage lautete: *Den Lieben-guten-alten-Gott, gibt es ihn, und wenn ja, brauchen wir ihn?*

Brauchen tun wir ihn jedenfalls nicht. Ein guter Mensch kann man auch ohne ihn sein, und das Glück der Zufriedenheit ist ohnehin ein seltenes Gut. Wer die Fähigkeit hat, ihn zu verehren, *weiß*, dass es ihn gibt – nicht wie ein Ding oder eine Person, sondern als das Ganz-Andere, das Dingen und Personen vorausgeht und nicht benannt werden kann. Vielleicht braucht *er* uns? Hätte er uns nicht, müsste sein Dasein nicht schrecklich langweilig sein?

Wer ihm vertrauen kann, ist auf einem guten Weg:

Wer sich an Gott wendet,
der wird Gottes Glanz spiegeln.
Sein Gesicht wird hell sein von Freude ... heißt es im Psalm Nr. 34.

Der Weg der Selbstwerdung: Sorge für dich selbst!

Was heißt für sich selber sorgen?

Weder der Vorwurf des Egoismus, noch der narzisstischer Ichbezogenheit darf uns stören. Sich selbst mit all seinen Bedürfnissen ernst zu nehmen, ist sicher eine gute Voraussetzung für Zufriedenheit. Worauf sollten wir achten? Liebe Leserin, lieber Leser, da ich nicht mit erhobenem Zeigefinger vor Ihnen stehen will, spreche ich jetzt von mir selbst – schauen Sie einfach, was davon auch für Sie zutrifft.

In Stichworten:

Ich versuche, dafür zu sorgen, dass es mir gut geht.

Mein Leib ist ein störrischer Esel, aber ich pflege ihn wie einen Schatz. Manchmal gehe ich mit diesem Esel ganz schlecht um und muss es dann ein paar Tage lang büßen.

Ich achte auf meine Gesundheit, passe aber auf, dass ich mich nicht wegen jedem Wehwehchen verrückt mache. (Ich muss besonders gut aufpassen, weil ich weiß, dass ich dazu neige, mich wegen jedem Wehwehchen verrückt zu machen.)

Etwas Gutes essen, etwas Feines trinken: Gibt es ein größeres Vergnügen? Und wenn ich merke, dass ich es mit Essen und Trinken wieder einmal übertrieben habe, versuche ich, maßvoll zurückzupendeln.

Sich bewegen hält fit.

Zärtlichkeit, Liebe, Sex sind die elementarsten Formen der Metaphysik.

Der Schlaf ist ein wertvolles Geschenk.

Ich halte mein Geld zusammen und achte auf meinen Vorteil.

Eine der verlässlichsten Einnahmequellen ist die Sparsamkeit.

Mein Vermögen zusammenzuhalten sorgt für Sicherheit.

Ich vermeide jede Art von Spekulation, spiele nicht um Geld (außer einem gelegentlichen Lottoeinsatz) und kaufe weder auf Raten noch auf Pump.

Wenn jemand sagt, er wolle mein Bestes, überlege ich, worauf er es abgesehen hat. Ich weiß: Im Zweifelfall auf mein Geld.

Ich traue keinem, der sagt, er wolle mein Geld (wie durch Zauberhand) vermehren.

In Geldsachen bleibe ich einfach und dumm.

Ich sorge vor für das Alter.

Ich spare nicht für meine Nachkommen, aber vermutlich wird es genau darauf hinauslaufen: Wer kann sein Geld so einteilen, dass er am letzten Tag seines Lebens seinen letzten Cent ausgibt?

Andere Menschen sind manchmal lästig, manchmal interessant.

Ich bin gerne allein, aber wenn ich zu lange allein bin, fällt mir die Decke auf den Kopf.

Aus sich selber schöpfen kann man nur bis zu einem gewissen Grad.

Eine Illusion, zu glauben, man müsse nur ganz tief in sich graben, um das Wesentliche zu finden, ganz aus sich selbst zu leben, sei das Glück.

Auch wenn man es nicht wahrhaben will: Wir sind auf das Miteinander angewiesen.

Das Wir ist entwicklungspsychologisch älter als das Ich, aber das Ich ist die wichtigste Erfindung.

Zusammen mit dem Du entstand das Ich aus dem Wir.

Ich kümmere mich um andere Menschen und freue mich (meistens), wenn man sich ein bisschen um mich kümmert.

Menschen, die vorgeben, mir etwas zu schenken, machen mich misstrauisch.

Leute, die sich zu sehr um mich kümmern, bringen mich in Bedrängnis.

Freunde zu haben ist das Höchste, aber selten.

Mit den richtigen Feinden tue ich mich schwer, schwerer allerdings mit den falschen Freunden; sie sind lästig.

Besonders vorsichtig muss man guten Menschen gegenüber sein; man weiß nie, ob sie einem die Wahrheit oder etwas Nettes sagen.

Manche Leute gehen mir auf die Nerven, auch wenn sie's nicht verdient haben.

»Ja« sagen setzt voraus, dass man »Nein« sagen kann. (Ich gehöre zu den Leuten, die einen bestimmten Sprachfehler haben: Sobald sie »nein« sagen wollen, fangen sie an zu stottern.)

Gerne predigt man Offenheit; man sollte stattdessen die Fähigkeit lehren, sich gegenüber Unverschämtheiten besser zu schützen.

Man muss nicht alles ausplaudern.

Es gibt Weltmeister im Ausnutzen meiner Verführbarkeit, meiner Leichtgläubigkeit, meiner Gutmütigkeit.

Mit Vorliebe schiebt man mir Arbeiten zu.

(*Trag du das Maschinengewehr, ich trag' die Verantwortung ...*, sagte ein Landser zum anderen.)

Indem ich mich ärgere, tue ich mir nichts Gutes; ich könnte mich in den Hintern beißen.

Den anderen zuhören ist interessant, lobenswert und oft unmöglich; manchmal gelingt es mir allerdings so gut, anderen zuzuhören, dass ich selbst nicht mehr zu Wort komme.

Wenn ich mein Psychologengesicht aufsetze, bin ich verloren; ich eigne mich als Opfer für jedermann. Ich werde zum Mülleimer.

Doch an der Hilfsbereitschaft halte ich fest.

Und wie man in den Wald hinein schreit, so hallt es heraus.

Mein Selbstbewusstsein ist ein zerbrechliches Ding, meine Selbstsicherheit ist eine Fahne im Wind.

Mittlerweile müsste ich doch wissen, wer ich bin und was ich wert bin.

Nicht gerade aus Edelstahl müsste meine Selbstsicherheit sein, doch immerhin stabil.

Manchmal ist mein Selbstbewusstsein aus Plastik; das Wort *Plastik* klingt abwertend, heute sagt man lieber *Kunststoff.*

Ich hätte mich gern ausgeglichen und stark.

Manchmal ist mein Tank voll Energie, manchmal sickert sie weg.

Wenn ich etwas gut mache, etwas Schwieriges erledige, fühle ich mich gut, geht etwas schief, fühle ich mich schlecht, und ich sage: *alles* geht schief!

Wenn die Leute nicht auf mich achten, sacke ich innerlich ab.

Wenn man keine Notiz von mir nimmt, bin ich nicht da.

Leistung und Erfolg festigen mein Fundament wie eine frische Ladung Beton, wenn auch nicht so beständig.

Lob stärkt das schwächelnde Ich.

Offiziell geehrt zu werden, ist peinlich, aber Balsam.

Beifall ist ein Schluck aus der Pulle.

Die Abhängigkeit von der Reaktion anderer erkennend, sage ich mir: Werde erwachsen!

Stehe zu dir selbst – unabhängig von der Meinung anderer!

Auch wenn der Wind dir ins Gesicht bläst, halte dich aufrecht!

Sei kritisch zu dir selbst, aber wohlwollend!

Sei dein Freund!

Wenn du dich auf dich selbst verlassen kannst, wen musst du dann fürchten?

Wenn du dich selbst zum Freund hast, was für ein Glück!

Oder wie Goethe sagte: *Allen Gewalten / zum Trutz sich erhalten.*

Nachdem wir jetzt endgültig bei Goethe angelangt sind (und hat der alte Meister in diesen zwei Zeilen nicht wieder einmal alles gesagt?), könnten wir's eigentlich dabei bewenden lassen. Aber der Psychologe in mir möchte doch noch einmal genauer nachschauen: Sich selbst zu schützen setzt voraus, dass man sich schützens- und liebenswert findet; da beißt sich die Katze in den Schwanz.

Sich selbst in den Mittelpunkt stellen? Sich selbst achten, sich selbst lieben, vielleicht sogar sich selbst loben?

Eigenlob stinkt, sagt man.

Das Wort *narzisstisch* wird nicht nur als diagnostische Bezeichnung, sondern als Schimpfwort gebraucht. Aber ich denke gerne an das Lied, das die Kinder, wenn eines von ihnen Geburtstag hat, im Kindergarten singen:

Wie schön, dass Du geboren bist,
Wir hätten Dich sonst sehr vermisst!

Das Gefühl, etwas Besonderes zu sein, ist wunderschön aber verboten.
Man mag es nicht, wenn du dich für etwas Besonderes hältst.
Man hält dich für einen Egoisten und hat natürlich recht.
Wenn du über dich selbst nachdenkst, sagt man: Der treibt Nabelschau.
Wenn du dir zuliebe etwas tust, das vom Erwarteten abweicht, sagt man: Jetzt macht er auf *Selbstverwirklichung*.
Damit ist ein Begriff genannt, der sich wunderbar eignet, um sich in die Haare zu kriegen. *Selbstverwirklichung*, was ist darunter zu verstehen?
Normalerweise versteht man unter *Selbstverwirklichung* die Tatsache, dass Menschen, die einige Jahrzehnte lang ganz vernünftig und tüchtig gelebt haben, sich plötzlich merkwürdig verhalten. Es ist wie eine zweite Pubertät: Was bisher solid und vertraut war, wird auf einmal in Frage gestellt. Handelt es sich um eine alltägliche Krise oder schon um die ganz große und alles entscheidende Midlifecrisis? Jedenfalls ist Beunruhigung angesagt; vertraut gewordene Gewohnheiten werden kritisch beäugt, familiäre Konstellationen und ihre Rituale als leere Routine entlarvt.

Eine Frau, die mit ihrem Mann zwei Kinder großgezogen und einen braven Haushalt geführt hat, muss plötzlich ein Musikstudium beginnen .... Ab sofort gibt es das Mittagessen aus der Mikrowelle, und abends, wenn sich der Rest der Familie wie

gewohnt um den Fernseher schart, eilt die Mutter zum Motet-
tenchor.

Ein Mann kauft sich nach seinem fünfzigsten Geburtstag einen
Heimtrainer und schafft sich eine Geliebte an, mit der er händ-
chenhaltend über den Bürgersteig tänzelt. In der Familie geht
es für eine Weile drunter und drüber.

Wer plötzlich und ohne Vorwarnung seine eigenen Bedürfnisse ent-
deckt, wird von seiner Umgebung mit Vorwürfen bedacht: Soll das
jetzt die große *Selbstverwirklichung* sein? Wie kann man nur so egoistisch sein! Hat der (oder die) keinen Anstand im Leib? Wo bleibt die
Verantwortung für die anderen?
  Selbstverwirklichung ist ein hehres Ziel, richtig beliebt aber nur bei
denen, die sich ihr verschrieben haben. Sobald man ein gewisses Alter
erreicht hat, hört man zu seinem Geburtstag immer wieder den gut-
gemeinten Glückwunsch: *Bleib so, wie du bist!* Das ist als großes Kompliment gemeint, aber das genaue Gegenteil der Selbstverwirklichung.
Deine Familie, deine Freunde möchten, sofern sie dich gern haben
(bzw. sich mit deinen Macken arrangiert haben), dass du verlässlich
bleibst, dass du dich auch weiterhin zusammen mit ihnen im Netz
der Kompromissbildungen tummelst und dich, wenn möglich, sogar
darin wohl fühlst. Nein, sagt der (oder die) Selbstverwirklicher(in),
höchste Zeit, dass es um mich selber geht! Das Netz, das mich hält,
aber auch erstickt, will ich notfalls zerreißen. Ich weiß, dass ich mir
und den anderen Schmerzen zufüge, aber lieber ein echter Schmerz als
falsche Geborgenheit! Lieber echt leiden, als falsch zufrieden sein! Lieber schuldig werden als sanft wie ein Opferlamm! Meine Bedürfnisse
sind umso echter, je stärker sie sind, und sie legitimieren sich durch
ihre Echtheit: Ihnen folgend verwirkliche ich mein innerstes Wesen!
Das Zauberwort heißt: Echtheit.

Dermaßen überzeichnet, lässt sich die Selbstverwirklichung leicht kritisieren.

Der brave Beobachter fragt: Was geschieht mit den berechtigten Erwartungen anderer? Wie steht es um Treue? Verlässlichkeit? Solidarität? Sind die Tugenden der Mitmenschlichkeit so ganz aus der Mode gekommen? Gerät aus dem Blick, dass die Normen und Regelungen der Gesellschaft zwar binden, aber auch halten? Reduziert sich das, was man Selbstverwirklichung nennt, auf eine Legitimation narzisstischer Selbstbezogenheit? Gehört die Selbstverwirklichung zur Philosophie der Egomanen? Und schließlich: Selbstverwirklichung ist vielleicht ein interessantes Ziel, aber was geschieht mit denen, die zurückstecken müssen, die es nicht schaffen, aus sich einen Kreativitätsknüller zu machen? Wie verkraften wir Begrenztheit, Misserfolg, Krankheit, Alter, Tod …?

Dass wir in diesem Leben irgendwann scheitern, ist so sicher wie das Amen in der Kirche. Spätestens der Tod stellt uns ein Bein. Den Frust können wir, solange wir leben, durch Zeitvertreib überspielen, mit Konsum überdecken, mit Schnaps ersäufen oder in einer Krankheit verstecken; auch eine einfache Depression erfüllt ihren Zweck. Wir können Selbstmord verüben (im Falle des Erfolges nur einmal) oder zum Einkaufen gehen (solange wir Geld haben).

Wenn es einem schlecht ging, hat man früher gebetet, heute kauft man sich ein T-Shirt (weibliche Variante) oder einen Memory-Stick (männliche Variante). Auch zwei Wochen auf Mallorca – nichts wie weg! – sind als Heilmittel nicht zu verachten.

Wie dem auch sei, über die sogenannte *Selbstverwirklichung* kann man sich ausgezeichnet streiten. Aber keine Frage, wer das Gefühl hat, im Netz der Konventionen, Kompromisse und Verpflichtungen zu ersticken, tut gut daran, über sich selbst nachzudenken, und nicht nur nachzudenken, sondern etwas zu verändern. Auch wenn niemand sagen kann, was dieses geheimnisvolle Selbst, das wir verwirklichen wollen, in Wirklichkeit ist, lassen wir uns gesagt sein:

Du bist etwas Besonderes, einmalig und ein Bild Gottes — gleichgültig ob es diesen nun gibt oder nicht.

Schenke dir Aufmerksamkeit! Nimm dich wichtig!

Lass deine Begabungen nicht verkümmern.

Entwickle deine Stärken; an den Schwächen arbeitest du dich zu Tode ... Höre auf, dich mit anderen zu vergleichen! Lass fünfe gerade sein! Auch hier gilt: weniger ist mehr.

Wer gescheit ist, tut gelegentlich etwas Dummes.

Aus Treue zu sich selbst kann es erforderlich sein, etwas Treuloses zu tun.

Nimm die Verantwortung, die du für andere hast, ernst, aber du hast auch Verantwortung für dich selbst.

Warte nicht, bis jemand kommt und dir sagt, wie's geht.

In der Heiligen Schrift lesen wir:

Liebe deinen Nächsten wie dich selbst (Lev 19,18; Lk 10,27). Also: *Wie dich selbst!* Nur wer sich selber liebt, kann auch den Nächsten lieben. Wie soll jemand einen anderen Menschen lieben können, der sich selbst gegenüber nur Verachtung oder sogar Hass empfindet? Verachtung und Hass werden jede andere Beziehung überstrahlen, genauso, wie es, im günstigen Falle, die Liebe tut.

Doch auch die Selbstliebe darf man nicht übertreiben.

Dem Niedergeschlagenen wünsche ich Selbstliebe, dem Aufgeblähten einen Blick in den Spiegel, denn wir verstehen uns auf die Kunst, uns vor uns selbst zu maskieren.

Doch Selbstliebe und Größenwahn sind zweierlei.

Selbstsüchtige Menschen sind nicht fähig, andere zu lieben, sie sind aber auch nicht fähig, sich selbst zu lieben.

Die Besucher des Apollonheiligtums im Tempelbezirk des Orakels von Delphi wurden von zwei Inschriften begrüßt:

Erkenne dich selbst! (gnôthi seautón.)

und

Nichts im Übermaß! (medèn ágan.)

Ein realistisches Selbstbild, verbunden mit freundschaftlichen Gefühlen sich selbst gegenüber, das wär's! Dazu das Vertrauen, seine Selbstachtung, was immer auch kommt, aufrecht erhalten zu können.

Ein solches Selbst hat mit sich Glück.

Nicht weil ich den Vorwurf fürchte, egoistisch oder sogar narzisstisch zu sein, aber an dieser Stelle muss ich einen wichtigen *Nachtrag* machen: Für uns selber sorgen können wir nur, wenn die äußeren Rahmenbedingungen es zulassen. Wir haben es gut: Wir leben in einer offenen, (wenigstens im Prinzip) freien Gesellschaft. Was die politische Freiheit betrifft, haben wir uns sehr an sie gewöhnt. Sie ist zur Selbstverständlichkeit geworden. Ich fürchte, in diesem Punkt sind wir etwas schläfrig geworden. Damit wir für uns selber sorgen können, müssen wir dafür sorgen, dass es um uns herum möglichst gerecht zugeht. Wir müssen uns im Kleinen für ein gutes Miteinander einsetzen und aufpassen, dass im Großen nicht die Hohlköpfe die Macht übernehmen. Während wir unser privates Wohlergehen pflegen, scheint sich die politische Großwetterlage bedrohlich zu ändern – antifreiheitliche, antidemokratische, fremdenfeindliche Kräfte werden zunehmend stärker. Unsere Wirtschaft boomt; aber stellen wir uns vor, sie würde ernsthaft und nachhaltig schwächeln, wann käme der Zeitpunkt, an dem die Populisten die Meinungsführerschaft übernähmen? Die Schutzschicht ethischer Grundätze ist dünn. Aus Sorge um uns selbst – seien wir auf der Hut! Das Ziel glücklicher Zufriedenheit hat eine politische Dimension.

Ich sage: Augen auf! Und: wehret den Anfängen!

Der Weg der Arbeit: Freu dich, wenn du nichts zu tun hast, aber tu dein Bestes!

Arbeit bedeutet Anstrengung. Wer arbeitet, muss einen *Widerstand*, bzw. eine ganze Reihe von Widerständen überwinden: im Falle körperlicher Arbeit die Schwerkraft, die Trägheit der Masse und natürlich die eigene Trägheit, die Müdigkeit und alle Formen der Abneigung. Die Welt verhält sich widerständig, die Natur scheint uns nur bedingt zu mögen. Weil wir ein Dach über dem Kopf brauchen, weil wir eine gemäßigte Temperatur brauchen, weil wir zu essen und zu trinken, Kleidung und die anderen zehntausend Dinge brauchen wie einen Fernseher, ein Auto, eine Küche samt Kühlschrank und Mikrowelle, ein Handy, eine Uhr, einen PC, eine Kamera und natürlich möglichst viel Geld, um all diese Dinge kaufen zu können, müssen wir arbeiten, oder, was natürlich der elegantere Weg ist, wir müssen jemanden finden, der es für uns tut.

Die Arbeit hat uns fest im Griff – auch in der Freizeit, auch im Urlaub. Die Struktur der Arbeit zieht ihr Netz über alle Lebensbereiche. Sogar in den privaten, ja intimsten Ecken lauert die Arbeit: Man betrachte z. B. die Hobby-Radfahrer, die in Tour-de-France-Montur trotz Regen und Wind über die Landstraßen strampeln, als ob es ihnen Spaß machen würde! Befragt, ob die Schinderei Spaß mache, sagen sie: Natürlich macht es Spaß! Und für die Werbetrikots, die sie tragen, haben sie selber bezahlt! Dass sogar in den intimsten Bereich der Liebe Leistungsgesichtspunkte eingedrungen sind, entnimmt man einschlägigen Umfragen: Wie oft haben Sie Sex? Wie lange dauert der Akt? Wie zufrieden sind Sie mit dem Ergebnis?

Ganz ohne Arbeit scheint es nicht zu gehen.

Von Glück kann sagen, wer eine gute Arbeit gefunden hat.

Was ist eine gute Arbeit?

Die Arbeit sollte den körperlichen und geistigen Fähigkeiten entsprechen und in angenehmer Umgebung erfolgen: weder physisch noch psychisch zu schwer darf sie sein, nicht zu monoton, in Räumen, die nicht zu laut, nicht zu kalt, nicht zu heiß sind, sie sollte zu geregelten Zeiten geleistet werden und möglichst viel Geld einbringen. Eine gute Arbeit führt weder zu Überforderung noch zu Unterforderung, sie ermöglicht kleinere und größere Erfolgserlebnisse und ist gesellschaftlich hoch angesehen … Eine solche Arbeitsstelle gibt es vermutlich nur im Himmel, aber auch auf der Erde weiß man, was man von einer guten oder sehr guten Arbeit zu erwarten hat.

Dass ihre Arbeit Spaß mache, den größten denkbaren Spaß überhaupt, sagen nur die Schauspieler. Dass die Arbeit Spaß macht, ist ihr Privileg. Sobald ein Reporter ihnen ein Mikrofon unter die Nase hält, sagen die Schauspieler, die Arbeit würde ihnen – immer noch – Spaß machen; ohne Arbeit könnten sie nicht leben. Die Arbeit sei ihr Leben. Aber auch sie haben mit Widerständen zu kämpfen, deren größter darin besteht, dass das Publikum sich zunächst einmal aus unverständlichen Gründen dagegen sperrt, für ihre Arbeit Geld auszugeben. Wenn ein Schauspieler sich sein Publikum erarbeitet hat, also erfolgreich ist, glaubt man ihm, dass die Arbeit ihm Spaß macht.

Im Paradies war Arbeit nicht erforderlich. Im Garten Eden gab es kein Unkraut. Disteln und Brennnesseln wucherten nur an den Plätzen, die ihnen zugewiesen waren. Gras gab es nur auf der Wiese, und auf dem Rasen wucherten weder Moos noch Löwenzahn. Die Rosen mussten nicht geschnitten werden, und die Früchte des Feldes gediehen wie von selbst. Schnecken, Raupen, Läuse und alles Ungeziefer verursachten keine Schäden. Die Wühlmäuse nagten nicht an den Wurzeln der Bäume. Die wilden Tiere verhielten sich sanft, und ebenso die Menschen, die keinen Grund hatten, sich zu bekriegen. Die Natur, die Mutter aller Pflanzen, Tiere und Menschen, meinte es damals noch bedingungslos gut.

In der Vorstellung des Schlaraffenlandes hat sich eine Erinnerung an das Paradies erhalten: ein Land, in dem Milch und Honig fließen, die gebratenen Tauben dem Hungrigen in den Mund fliegen, und wenn es Berge gibt, dann sind sie aus Marmorkuchen. Dort, wo normalerweise der Schwarzwald ist, stelle ich mir eine große, mehrschichtige Schwarzwälder Kirschtorte vor, und wenn eine Quelle entspringt, dann sprudelt dort nicht einfaches Wasser, sondern Peterstaler Mineralwasser, aus den kleineren Quellen aber strömen mit Sicherheit Zwetschgen-, Mirabell- oder Kirschwasser und natürlich Topinambur, Blutwurz und der wunderbar duftende Williams Christ. Jeder kann essen und trinken nach Herzenslust; es reicht für alle. Auch wird man nicht betrunken, keinem wird speiübel und niemand abhängig. Die Suchtkrankheit glänzt, wie die anderen Krankheiten auch, durch Abwesenheit. Gesundheit ist selbstverständlich, der Tod hat Berufsverbot. Faulheit gilt im Schlaraffenland als höchste Tugend, Fleiß als ärgstes Laster. Alles, was getan werden muss, geschieht von selbst. Arbeit gibt es nicht.

Leider … das Schlaraffenland gibt es nur im Märchen. Hier in der Wirklichkeit, die man nur als hart und rau bezeichnen kann, müssen wir schauen, wie wir zu Geld kommen, und dafür müssen wir arbeiten. Den Sinn der Arbeit auf die Notwendigkeit des Geldverdienens zu reduzieren, greift aber zu kurz: Arbeit vertreibt die Langeweile, es gibt die Freude an der eigenen Leistung. Wenn ich etwas gut kann, etwas gut mache und dafür Anerkennung bekomme, stärkt das mein Selbstwertgefühl. Durch die Arbeit entstehen zwischenmenschliche Beziehungen, ich übernehme eine Rolle, finde meinen Platz. Nicht arbeiten zu müssen, ist vielleicht ein schöner Traum, keine Arbeit zu haben ein Alptraum.

Der Zufriedenheit dienlich ist, wenn man für sich eine passende Arbeit und das richtige Verhältnis von Arbeit und Nichtarbeit findet.

Zu wenig Arbeit lähmt, macht unzufrieden.

Zu viel Arbeit macht krank. Der Arbeitssüchtige will mit der Arbeit die bösen Geister vertreiben – Angst, innere Leere, Einsamkeit, Depression.

Perfektionismus ist die Krankheit des Tüchtigen. Der Perfektionist hat Angst davor, sich zu blamieren. Er möchte sein Werk so fehlerlos und unangreifbar hinstellen, dass niemand dazu noch etwas sagen kann. Jede Kritik gilt es im Ansatz zu verhindern. Nur bewundern darf man ihn, alle Unklarheiten aber sollen ein für alle Mal beseitigt sein. Die Freude an der eigenen Leistung stärkt das Selbstbewusstsein und erhöht die Zuversicht, auch in Zukunft etwas leisten zu können. Der Perfektionist dagegen handelt aus einem niedrigen Selbstbewusstsein; er fürchtet die Kritik all derer, die in der Lage sein könnten, ihn zu durchschauen.

Ein Künstler, den ich sehr schätze, sagte: *When too perfect, lieber Gott böse* (Nam June Paik).

Um es mit der Arbeit (und der gebotenen Gründlichkeit) nicht zu übertreiben, mache ich es kurz und schließe dieses Kapitel mit einigen *Stichworten*:

Es geht nicht ohne Arbeit.

Wer leben will, muss arbeiten oder einen Dummen finden, der es für ihn tut.

Oft meint man, das Glück sei nur in der Freizeit zu finden; ein Irrtum. Je angestrengter man das Glück in der Freizeit sucht, umso mehr wird die Freizeit zur Arbeit.

Weniger sei mehr, sagt man; jedenfalls kann sogar die Suche nach Glück zur Arbeit werden.

Die Arbeit schleicht sich in alles ein, sogar als Hobby verkleidet sie sich, weshalb Arbeit und Hobby manchmal nicht zu unterscheiden sind. Die schönsten Dinge können in Arbeit ausarten, die schönsten Dinge kann man sich durch Arbeit ruinieren.

Sogar die Liebe kann zur Arbeit werden.

Arbeit ist Mühsal, Last, Quälerei, Fluch, Notwendigkeit.

Arbeit kann aber auch eine Quelle der Freude sein: angemessen das Richtige tun, jeden Tag den Stein etwas weiter rollen, am Wichtigen dranbleiben und schauen, was kommt. Kein Zweifel: Die Arbeit, gut eingeteilt, ist eine solide Basis der Zufriedenheit. Obwohl die Arbeit immer ernst ist, kann sie Spaß machen. Sie kann unterhaltend sein, aufregend, fordernd.

Nicht zu vergessen: Meine Arbeit sagt mir, wer ich bin. An meiner Arbeit erkennt man mich.

Was wären wir ohne Arbeit?

Eine gute Arbeit bringt mehr Energie, als sie kostet.

Wer einen netten Chef hat, möchte auch nette Kollegen. Wer nette Kollegen hat, braucht keinen netten Chef.

Ganz ohne Konflikt ist die Arbeit nicht zu haben.

Eine gute Arbeit zu haben, was für ein Glück!

Du weißt, was du zu tun hast, verdienst dein Geld, gewinnst Ansehen, vielleicht sogar Macht; die Bewunderung deiner Nachbarn und den Neid deiner Verwandtschaft bekommst du gratis dazu.

Je mehr Grund jemand hat, den Ruhestand zu ersehnen, umso berechtigter ist seine Angst vor dem großen Loch, in das er, ohne Arbeit, zu fallen droht.

Wer nichts kennt außer Arbeit, ist, wenn er keine hat, arm dran.

Wer seinen Wert allein von der Arbeit her definiert, verliert mit der Arbeit seinen Wert.

Andererseits, das Leben ist Arbeit, aber man glaubt gar nicht, mit wie wenig Arbeit man leben kann. Weniger arbeiten ist auch eine Frage der Übung.

Wer sich selbst erkennen will, macht sich selbst zum Gegenstand seiner Arbeit. Ihm wird die Arbeit nie ausgehen.

Alle Menschen schimpfen oder stöhnen über die Arbeit, aber die meisten, auch wenn sie's nicht wahrhaben wollen, arbeiten gern.

Wer für seine Arbeit keine Anerkennung findet, bleibt, auch wenn er gut verdient, unzufrieden.

116

Wenn meine Arbeit anerkannt wird, fühle ich mich selbst anerkannt; aber wenn ich nur wegen meiner Arbeit anerkannt werde, wo bleibe ich dann?

Arbeiten ist gut, zu viel arbeiten ist nicht gut.

Beneidenswert ist, wem es gelingt, zwischen Arbeiten und Nicht-Arbeiten auf erholsame Art zu pendeln. In der Balance liegt das Glück.

Wie dem auch sei, es ist ratsam, eine gute Balance zwischen Arbeit und Nichtstun zu finden. Deshalb gilt: *Freu dich, wenn du nichts zu tun hast, aber tu dein Bestes!*

Der Weg der Aufmerksamkeit: Lebe im Jetzt, aber vergiss die Vergangenheit nicht und denk an die Zukunft!

Wachheit, Aufmerksamkeit, Achtsamkeit: Alle Lehrer der Weisheit sehen hier den Einstieg in den Weg, der das Ziel sein soll.

Doch einfach nur aufmerksam sein, ist schwieriger als unmöglich. Aufmerksamkeit ist immer Aufmerksamkeit von etwas, weshalb die Lehrer der Weisheit ihre Schüler üben lassen, sich auf ein Etwas zu konzentrieren, an dem sich die Aufmerksamkeit, die sonst vom Hundertsten ins Tausendste springt, festhalten kann. Konzentrieren kann man sich auf den Atem, aber auch auf ganz alltägliche Tätigkeiten wie Gehen, Unkrautjäten, Geschirrspülen, Autofahren.

Der Übende bekommt, wenn er Glück hat, eine Ahnung von dem, was das heißt: *Jetzt.*

Ob man noch viel weiterkommen kann als bis zu dieser Ahnung?

Hier und jetzt, sagen die Gurus, und nirgends sonst, sei das Glück zu finden. Weder in der Vergangenheit noch in der Zukunft, sondern in der Gegenwart. Im Jetzt.

Aber manchmal frage ich mich, ob es sich nicht genau umgekehrt verhält. Das Glück leuchtet oft, wenn überhaupt, aus der Vergangenheit als verklärte Erinnerung: damals war alles gut, lieblich und schön. Und es lockt aus der Zukunft als unerfüllbare Erwartung: wenn ich einen Sechser im Lotto habe, wenn ich meine(n) Traumpartner(in) finde, wenn ich meine Prüfung bestehe, dann werde ich glücklich sein! Oder bescheidener: In vier Wochen habe ich Urlaub, dann heißt es: nichts wie weg! Ein Spaziergang am Strand von Rhodos ... befreit von aller Last, das ist das Glück! Die Gegenwart dagegen, das Jetzt, dieser schmale, nicht sehr aufgeräumte Durchgang zwischen Vergangenheit und Zukunft, ist nicht besonders romantisch. Man hat Kopf- oder

Zahnweh, ärgert sich über seinen Chef, muss noch einkaufen, sucht einen Parkplatz und findet keinen. Sollte es doch mal vorkommen, dass man nichts zu tun hat, fühlt man, anstatt diesen kleinen freien Moment genießen zu können, ein dumpfes Verlangen nach etwas, das man nicht definieren kann, man fühlt sich frustriert oder langweilt sich … Immer gibt es etwas, das nicht ganz passt. So fällt die Stimmung stets etwas grämlich aus. Man muss schon froh sein, wenn nichts Schlimmes passiert. Sieht so das Glück der Gegenwart aus? Nein, so jedenfalls nicht.

Auch mit der Aufmerksamkeit ist es so eine Sache: Wenn ich mitten in der Nacht aufwache, eigentlich viel lieber schlafen möchte und den Schlaf auch bitter nötig habe, wünsche ich die ganze Aufmerksamkeit zum Teufel. Dann würde ich viel lieber abtauchen; dann hätte ich nichts dagegen, wenn das Ich mit seiner Aufmerksamkeit mir restlos abhandenkäme. Mich selbst vergessen und einfach nur schlafen, das wär' dann schön. Wie beruhigend ist das Gefühl, wenn man gerade noch spürt, wie die Wellen des Unbewussten sanft über dem Kopf zusammenschlagen …

Die Beziehung zwischen Glück und Zeit scheint kompliziert zu sein. Im Vergangenheits- und im Zukunftsglück ist das Glück ein gedachtes. In einer lausigen Gegenwart träumt man sich gern in eine beschönigte Vergangenheit zurück oder in eine Zukunft voraus, die selten hält, was sie verspricht. Für den Augenblick mag das zwar tröstlich sein; so kann man sich vielleicht eine Weile über Wasser halten. Das wirklich erlebte Glück aber müsste ein Glück der Gegenwart sein, denn wenn das Glück nicht in der Gegenwart erlebt wird, was hätte man davon?

Somit sind wir doch wieder beim Jetzt. Dieses Jetzt ist kein mathematischer Punkt; wenn ich, von anderen oder von mir selbst getrieben, von einer Sache zur nächsten hetze, ist es vielleicht einem schmalen Durchgang zu vergleichen, in dem ich mich eingeengt fühle und einfach nur hindurch muss. Aber wenn ich glücklich bin? Es dehnt sich aus, wird weiter; ich bekomme Luft. Ich bin da. Dann wird das Jetzt zu einer geräumigen Wohnung, in der ich – für einen kürzeren oder längeren Augenblick – verweile. Das mit der Wohnung ist natürlich nur ein Bild. Um bei diesem zu bleiben, stelle ich mir vor, dass diese Wohnung keinesfalls fest verschlossen ist. Sie ist kein Gefängnis, auch kein graues Kellerloch. Nein, sie ist eine kleine gemütliche Wohnung mit einer Türe und zwei Fenstern. Durch die Türe kann ich jederzeit wieder hinaus, und ich kann auch, wenn ich will, jemanden hereinlassen. Nur wenige dürfen ganz herein. Wer herein darf, bestimme ich. Und auf meinen Lieblingssessel kommt keiner! Ich kann mich mit einer Sache beschäftigen – und sie dann wieder weglegen; ich sage: Schluss damit! Es ist genug. (Und hoffe, dass dann auch wirklich Schluss ist.) Die Wohnung hat nicht nur eine Türe, sondern zwei Fenster: eines geht in die Vergangenheit, das andere in die Zukunft. Stellen wir uns das Ich als Besitzer dieser Wohnung vor; was drängt durch diese Fenster auf es ein?

Der Blick durch das Fenster der *Vergangenheit* erweckt verschiedene Gefühle:

Trauer im Hinblick auf das, was ich verloren habe.

Verbitterung, Ärger, Wut, Hass, wo offene Rechnungen zurückgeblieben sind.

Gefühle der Schuld angesichts meines Fehlverhaltens.

Gefühle der Scham, wenn ich mich unsterblich blamiert habe.

Die seltenen Gefühle des Stolzes: Das habe ich geleistet.

Die häufigen Gefühle des Versagens: Das ist mir nicht gelungen.

Aber auch das Gefühl der Dankbarkeit angesichts dessen, was ich – wenn vielleicht auch nur auf Zeit – haben und sein durfte. Hätte alles Schlimme nicht weitaus schlimmer kommen können, und ist nicht alles Gute letztlich mehr Geschenk als Verdienst?

Ein Blick durch das Fenster der *Zukunft* erweckt Gefühle der Neugier, der Sehnsucht, der Sorge, der Angst, aber auch der Hoffnung.

Oft hört man die Meinung, der wahrhaft Glückliche kümmere sich nicht um die Zukunft. Was für ein Irrtum! Das Fenster zum Morgen ist wohl immer einen Spaltbreit offen.

Was treibt uns in die Zukunft?

Die Neugier: Es ist gut, zu wissen, was sich draußen abspielt. Das Unbekannte zu erforschen macht Spaß. Der Glückliche sieht interessante Dinge auf sich zukommen. Er hat das Gefühl, dass es gut weitergehen wird.

Die Sehnsucht: Je schwieriger die tatsächliche Situation, umso größer ist das Verlangen nach dem Paradies. Alles soll hundertprozentig gut sein. In unserem Herzen schlummert eine gewaltige Sehnsucht nach einem wahrhaft himmlischen Zustand des Liebens und Geliebtwerdens, der freien Entfaltung aller schöpferischen Fähigkeiten … Woher kommt dieses Verlangen nach dem Paradies? Beruht es auf der Erinnerung an den Zustand, den wir vor unserer Geburt erlebt haben? Im Mutterleib oder bei den Engeln im Himmel? Oder handelt es sich um eine Idee, die wir uns aus den Bruchstücken unseres Lebens zusammensetzen? Je defekter die Bruchstücke, umso vollkommener, schöner, erhabener die Idee?

Wenn das Leben als zu schlimm und unerträglich erlebt wird, kann die Sehnsucht das Paradies so vollkommen einfordern, dass nur noch der Tod eine Chance hat, ihr zu entsprechen. Die Todessehnsucht ist die Vollendung der Sehnsucht ins Absolute.

Die gesunde Sehnsucht ist eine treibende Kraft auf dem Weg zum Wesentlichen. Ihre ganze Macht offenbart sie z. B., wenn sie jemanden, der in wohlversorgter Bequemlichkeit erstarrt ist, zu neuen Anstrengungen treibt. Hier zeigt sich die Sehnsucht in ihrer göttlichen Macht. Doch auch die gesündeste, sogar die heiligste Sehnsucht kann lästig werden; sie kann einen unfähig machen, das zu genießen, was man hat; sie kann einen zwingen, etwas zu suchen, was es nicht gibt. Wenn sie einen dazu bringt, dass man alles wegwirft, was bis dahin wertvoll war, wird sie zur Katastrophe. Kein Wunder, dass auch die gesündeste Sehnsucht sich zuweilen wie eine Krankheit benimmt.

Meistens ist die Sehnsucht nach vorne gerichtet; es gibt sie aber auch nach rückwärts: *Die Zukunft war früher auch besser*, sagte *Karl Valentin*. Die depressive Zukunftsverleugnung huldigt der nostalgischen Utopie: früher war alles besser und schöner. Wenn man den Eindruck hat, dass alles von Tag zu Tag schlimmer und schlimmer wird, sehnt man sich danach, dass *alles so werden soll, wie es früher einmal war!* Veränderung wird als Beschädigung erlebt, Entwicklung als Zerstörung. Da das Vergangene, an dem man sich festhält, aber heillos verklärt wird, müsste es eigentlich heißen: *Alles soll so werden, wie es früher niemals war!*

Wie geht man mit der Sehnsucht um?

Man kann sie verdrängen, was wie alle Verdrängungen Kraft kostet und Nachteile mit sich bringt.

Beliebt sind die bewährten (und oft gewaltsamen) Ersatzbefriedigungen: Drogen, Sex, Macht, Besitz, Prestige, Aufregungen und jede Menge Events.

Was ist die beste Art, mit der Sehnsucht umzugehen?

Nicht vor ihr davonlaufen; sie nicht (oder nur gelegentlich und sparsam) mit Ersatzbefriedigungen betäuben. Besser ist es, die Sehnsucht auszuhalten! Die Sehnsucht ist immer aufrichtig und ehrlich. Sie ist reine Energie. Der Glückliche versucht, an seiner Sehnsucht dran zu bleiben; mit der Sehnsucht zu leben … (, was aber einfacher gesagt, als getan ist).

In die Zukunft treibt uns ferner **die Sorge:** Sich-sorgen sei das Gegenteil von Glück, sagt man. Der Glückliche kenne keine Sorgen … Nein, denke ich. Dass wir uns sorgen, entspringt der Zerbrechlichkeit unserer Existenz: anfällig für Krankheiten, Bedrohungen und Schwächen aller Art, leben wir in einer Welt, von der wir nicht wissen, was sie uns morgen bringt. Die Natur ist uns nicht freundlich gesinnt, und wir sind es der Natur gegenüber nicht. Wir leben mit anderen Menschen in Liebe und Hass, in Freundschaft und Feindschaft, in Kooperation und Rivalität, in Über- und Unterordnung, in Beziehungen der Macht und Ohnmacht … Wir leben in einer Familie, in einer sozialen Schicht, in einem Land, in einem Mit- und Gegeneinander von Staaten: Konflikte sind an der Tagesordnung. Wir leben in einer Umwelt, die ständig bedroht ist, sowohl von natürlichen als auch von menschlich gemachten Katastrophen … Wie dumm müsste man sein, wollte man ganz ohne Sorgen leben?

Dass man sich sorgt, ist so normal wie das Atmen. Und nicht weniger lebensnotwendig!

Es geht nicht, ohne dass man sich sorgt: für sich selber, für seine Familie, für die Menschen, die man liebt, für sein Land, für die Umwelt, ja sogar für seine Feinde (denn die Feinde, die man hat, kennt man; wer weiß, wer nach ihnen kommt?).

Eine französische Redewendung sagt: *gouverner c'est prévoir*. Regieren heißt vorausschauen. Gefordert ist die Kunst der Antizipation: beobachten, wie die Dinge sich entwickeln, Trends erahnen, sich vorbereiten und vorsorgen!

Zu vermeiden allerdings sind ***unnötige*** Sorgen. Man sollte sich keine Sorgen *machen*! (Die Sorgen, die man *hat*, reichen.) Doch es ist schwer zu sagen, wo die Grenze verläuft. Vermutlich verläuft sie parallel der Grenze zwischen Nachdenken und Grübeln.

Gegenkräfte gegen unnötige Sorgen sind: Gottvertrauen, Gelassenheit, Akzeptieren des Unausweichlichen.

Also alles auf sich zukommen lassen? Abwarten und Tee trinken? Man plant, und es kommt sowieso anders? *Der Mensch denkt, und Gott lenkt?* – Gelassenheit ist gut, aber auch das Gottvertrauen sollte man nicht übertreiben.

Der Glückliche sorgt sich, aber er macht sich keine unnötigen Sorgen. Ganz in der Gegenwart, schaut er, soweit es geht, in die Zukunft und tut das, was er jetzt für richtig hält. Er bereitet sich vor: Wer glücklich ist, plant, denn er möchte es bleiben.

Neugier, Sehnsucht und Sorgen lenken unseren Blick in die Zukunft. Immer dabei ist ***die Angst.***

Im Fenster der Vergangenheit wartet die Trauer beim Gedanken an das, was ich verloren habe. Im Fenster der Zukunft wartet die Angst beim Gedanken an das, was ich verlieren könnte. Alles, was ich habe, kann ich verlieren, und je mehr ich habe, umso mehr kann ich (und werde ich) verlieren: materielle Sicherheit, die berufliche Stellung, den sozialen Status, meine Angehörigen, Freunde, Partner, die eigene Gesundheit und schließlich das Leben. Angst ist immer auch Angst vor dem Tod.

Wir leben in einer Welt, die wir immer weniger kontrollieren und vorhersagen können. Mit dem Kontrollverlust geht das Gefühl der Hilflosigkeit einher. Je höher du qualifiziert bist, je scheinbar sicherer du dein Leben eingerichtet hast, umso anfälliger bist du für die Angst, alles zu verlieren. Die Angst überfällt dich zu den unmöglichsten Zeiten, schleicht nachts, wenn du, um leistungsfähig zu bleiben, nichts dringender bräuchtest als Schlaf, zu dir ins Bett und hält dich wach. Du bist auf dich allein gestellt, sagst du. Du bist in Gefahr. Wer soll dir helfen? fragst du. Du hast dein Glück (und Unglück) selbst in der Hand, meinst du. Du lebst in ständigem Wettbewerb; Konkurrenz belebt das Geschäft, sagt man. Deine Gegner können es nicht erwarten, dich schwach zu sehen. So ist das nun mal, sagst du dir vielleicht selbst. Aber an wen wendest du dich, wenn du mit jemandem reden oder auch nur mit jemandem zusammen das berühmte Glas Bier trinken willst?

Je weniger äußere Sicherheiten es gibt, an denen du dich festhalten kannst, umso mehr bist du selbst für alles verantwortlich. Anstatt dich zu sehr an etwas zu binden, willst du ungebunden und für alles offen bleiben. Die zeitgemäßen Ideale heißen: Flexibilität, Mobilität, permanente Veränderung. Das einzig Beständige sei, sagt man, die Veränderung. Sogar der alte Heraklit wird zitiert: Alles fließe … Man könne nicht zweimal in denselben Fluss steigen. Also: Finde dich damit ab! Aber was ist, wenn man etwas braucht, an dem man sich festhalten kann?

Gehörst du zu den Siegern oder zu den Verlierern? fragst du dich, und du hast die verzweifelte Sicherheit, dass eines Tages hinter deiner harten (oder doch nicht so harten) Schale dein weicher Kern zum Vorschein kommt.

Wenn du dich nur von deinem Job her definierst, was bist du dann, wenn du diesen verlierst? Woher wirst du deine Selbstsicherheit, dein Selbstwertgefühl, deine Daseinsberechtigung beziehen?

Wenn du dir deine Statussymbole nicht mehr leisten kannst, ist das Leben dann noch lebenswert?

Wenn du der reichste Mann, die reichste Frau, der Welt bist und infolge missglückter Spekulationen die Hälfte deines Vermögens verlierst, also, sagen wir, nur noch über fünf Milliarden Euro verfügst, musst du dich dann nicht unter den Zug werfen, um deinem misslungenen Leben ein spektakuläres Ende zu setzen?

Hinter allem lauert die Angst. Wurde früher ein großes, bedeutendes Gebäude errichtet, legte man in den Grundstein eine Kapsel mit Münzen, Symbolen und Urkunden, damit man später, am Ende der Zeit, etwas von denen erfahre, die damals den Bau errichtet hatten. Eigentlich ein sehr progressiver Gedanke, beim Errichten eines Gebäudes, das doch Jahrhunderte überdauern soll, an dessen Ende zu denken. Unsere heutigen Gebäude sind ausnahmslos für die Ewigkeit geplant, und sie fangen, kaum dass sie fertig sind, schon an zu verrotten. Ich stelle mir vor, dass im Fundament jedes Fabrikgebäudes, jedes Supermarktes, jeder Sparkasse, jeder Kaserne, jeder Schule, jedes Reihenhäuschens eine imaginäre Kapsel eingemauert ist, die nichts anderes enthält als pure Angst. Spätestens wenn das Gebäude seine ersten Risse bekommt, wird sie sich melden. Was für ein Bild: Im Fundament unserer gesunden Normalität wartet die Angst, verkapselt wie ein bösartiger Keim …

Was macht man gegen die Angst?

Zuerst gibt es natürlich wieder die bewährten Tricks:

Überspielen, nicht wahrhaben wollen, so tun, als hätte man sie nicht, verdrängen.

Doch zur Feindin erklärt, entpuppt sich die Angst als intrigante

Gegnerin; anstatt das Weite zu suchen, kommt sie in Verkleidungen zurück, sie verbindet sich mit bestimmten Situationen und wird zur Phobie, sie macht den Körper verrückt und produziert psychosomatische Erkrankungen, sie steigert sich ins Extrem und spielt Panikattacke.

Tabletten schlucken. Psychopharmaka sind eine segensreiche Erfindung, aber zu empfehlen sind sie nur in Extremsituationen – ungeeignet für den Dauergebrauch. Die Gefahr der Entwicklung einer Abhängigkeit von Schmerz- Schlaf- und / oder Beruhigungsmitteln ist einfach zu groß.

Gegen die Angst vor dem Tod gibt es eine Methode, von der man nicht weiß, ob man sie intelligent oder dumm nennen muss; aber dass sie irgendwie konsequent ist, wird man ihr nicht absprechen können: *Man bringt sich um aus Angst vor dem Tod.* In vorauseilendem Gehorsam gibt man dem Leben das zurück, was man ihm schuldet, den Tod. (Normalerweise steht hinter dem Suizid meistens etwas ganz Anderes: Depression, Ausweglosigkeit, Verzweiflung, Vereinsamung, Schmerz …; aber das nur nebenbei.)

Die philosophische Variante: Man kann versuchen, sich vom Kopf her die Angst vor dem Tod so gut auszureden, dass man selbst daran glaubt. Auch wenn es uns schwerfällt, uns vom Kopf her leiten zu lassen, gibt es doch vernünftige Argumente, auf die zu hören sich lohnt.

In seiner Verteidigungsrede vor dem Athener Gerichtshof, der ihn im Jahre 399 v. Chr. zum Tod durch Trinken des Schierlingsbechers verurteilte, sagte Sokrates über das Totsein:

Denn von zwei Dingen kann das Sterben nur eines sein; entweder nämlich ist es eine Art Nichtsein, so dass der Verstorbene auch keinerlei Empfindung mehr von irgend etwas hat, oder es findet, wie ja behauptet wird, eine Art Übergang und Übersiedelung der Seele statt: von dem Orte hier an einen anderen Ort. Und wenn nun keinerlei Empfindung mehr vorhanden ist, sondern eine Art Schlaf, worin der Schlummernde keinerlei Träume hat, dann wäre der Tod ein wunderbarer Gewinn … Wenn jedoch der Tod eine Art Reise von hier an einen anderen Ort ist und wenn zutrifft, was erzählt wird, dass sich dort alle Verstorbenen befinden, gibt es dann wohl ein Gut, das größer wäre als dies …? Gern würde er dort die großen Richter, Heerführer und Dichter treffen … *wäre das etwa eine üble Reise?* (Platon, *Apologie des Sokrates*, 32; in der Übersetzung von Manfred Fuhrmann. Reclam 895)

Epikur (341 v.Chr. geb.) schrieb in seinem *Brief an Menoikeus:*

Das schauderlichste aller Übel, der Tod, hat also keine Bedeutung für uns. Denn solange wir leben, ist der Tod nicht da; wenn aber der Tod da ist, dann sind wir nicht mehr. Er hat also weder für Lebende noch für Tote eine Bedeutung, da er ja für die einen noch nicht da ist und die anderen nicht mehr da sind. (Übersetzung von Bernhard Zimmermann, Kleine Bibliothek der Weltweisheit 13 dtv C.H.Beck)

Ein paar hundert Jahre später wird der Hl. Benedikt in seine Regel schreiben (Kap 04, 47):

Den unberechenbaren Tod täglich vor Augen haben!

Memento mori! – Denke an den Tod! war das Leitmotiv der *Ars vivendi–Ars moriendi,* der Kunst zu leben und der Kunst zu sterben, wie sie in den Andachtsbüchern des Mittelalters zur Meditation empfohlen wurde.

Hat es nicht einen besonderen Reiz, den Tod nicht nur als unausweichlich sondern als täglichen Begleiter zu betrachten? Vielleicht sogar als Bruder, wie ihn der Hl. Franz von Assisi in seinem Sonnengesang angesprochen hat?

Gelobt seist Du, Herr,
durch unsern Bruder, den leiblichen Tod …

(Übrigens heißt es im Original nicht Bruder, sondern Schwester, *sora,* weil *morte,* Tod, weiblich ist.)

Doch wie schwer fällt es uns, die philosophische Sichtweise nachzuvollziehen! Um diese Argumente aufzunehmen, fehlt uns das Vertrauen in die Macht der Vernunft, um die mönchische Betrachtungsweise zu verinnerlichen, fehlt uns das fromme Gefühl des Aufgehobenseins in einem Zusammenhang jenseits von Leben und Tod. Unser Denkvermögen, auf sich selbst gestellt, hat einen schweren Stand, und unsere Fähigkeit, das Geheimnis des Seins mit naiver Frömmigkeit zu umfassen, ist gering. Nur ungern lassen wir uns auf Verstand und Vernunft reduzieren, und unsere Gefühle neigen dazu, ihr Eigenleben zu führen.

Wie lebensklug und tröstlich ist auch hier wieder einmal Montaigne. Mein Lieblingsphilosoph kritisiert seine Zunft: *Die Philosophie befiehlt uns, den Tod stets vor Augen zu haben, ihn vorauszusehen und vorauszubedenken, und dann gibt sie uns Verhaltensregeln an die Hand, die gewährleisten sollen, dass diese Voraussicht und dieses Vorausdenken uns ja nicht weh tue. Genauso machen es die Ärzte, die uns in Krankheiten stürzen, damit sie etwas haben, an dem sie ihre Arzneien und Künste ausprobieren können.*

Und was rät uns Montaigne? *Falls ihr nicht zu sterben versteht – keine Angst! Die Natur wird euch, wenn es soweit ist, schon genau sagen, was ihr zu tun habt, und die Führung der Sache voll und ganz für euch übernehmen; grübelt also nicht darüber nach.* (Drittes Buch der Essais, Über die Physiognomie, in der Übersetzung von Hans Stilett.)

Doch wie dem auch sei: Wäre das Leben nicht unendlich langweilig ohne den Tod? Gibt der Tod nicht den wahren Hintergrund für die Figur des Lebens? (Das Leben stelle ich mir bunt vor, den Tod als reinstes Weiß. Das unschuldige Weiß einer Leinwand oder eines Blattes Papier; man nehme Farben, man nehme einen Bleistift, einen Kugelschreiber, eine Schreibmaschine oder einen PC und produziere dieses bunte Durcheinander, das man Leben nennt.)

Wie also umgehen mit der Angst vor dem Tod? Nicht für jeden nachvollziehbar ist die

gläubige Variante: Der Tod ist nicht das Ende, sondern ein Anfang!

Der Tod ist ein Durchgang zu einem Leben, das man sich nicht vorstellen kann! Es gibt eine Auferstehung von den Toten!

Was für ein Gedränge wird es am Jüngsten Tag geben! sagten die Spötter in meinem Heimatdorf, wenn die Rede auf das ewige Leben kam. Was der Pfarrer erzählte, glaubten sie, und sie glaubten es nicht. Was er erzählte, gehörte schließlich zu seinem Beruf. Stell dir vor, sagten sie, alle kriechen aus ihren Gräbern hervor; der eine tritt dem anderen unweigerlich auf die Zehen. Wo sollen die vielen Leute hin? Wer soll sie verpflegen? Und was für ein heilloses Durcheinander: Stell dir die Leute vor, die zwei- oder dreimal verheiratet waren, wer soll jetzt mit wem? Was für ein Geschimpfe und Gezeter das geben wird! (Man kennt doch die Weiber!) Aber schön wär' das ewige Leben halt schon, sofern der liebe Gott die Frage von Kost und Logis für so viel Leute geregelt kriegte, was aber auch für den lieben Gott eine fast unlösbare Aufgabe darstellen wird. Andererseits, ist Gott nicht allwissend, allmächtig? Ob's nach dem Tod nicht doch irgendwie weitergeht? Nur irgendwie anders? *Nix g'wiss woiß ma net.* Und der alte Miehle, ehemaliger Bürgermeister meines Heimatdorfes, mit dem ich als naseweiser Bub gerne über Gott und die Welt diskutierte – er war mein Vorbild in skeptischer Lebensführung -, fügte hinzu: *Z'rückkomme isch no koiner!* Aber einen Wink wollte er mir nach seinem Tod geben, wenn es ihm möglich wäre. Das hat er mir, mit einem Lächeln, fest versprochen. Ob er das vergessen hat? Oder ist er mit Hallelujasingen so sehr beschäftigt, dass an nichts anderes mehr denkt? Oder habe ich vor lauter Scheuklappen seinen Wink schlicht übersehen?

Der alte Miehle hat's schon lange geschafft.

Von ganz anderem Kaliber war der alte Kohler, der in einer verräucherten Hütte hauste, seinen Lebensunterhalt mit Maurer- und Malerarbeiten verdiente, nebenher für die Gemeinde Maulwürfe fing (für jeden Maulwurfschwanz bekam er vom Bürgermeister fünfzig Pfennig; böse Leute sagten, er habe auch schon mal einen alten schwarzen Filzhut in dünne Streifen geschnitten …), jedenfalls war der alte

Kohler gelegentlich in unserer Gastwirtschaft, um sein Mausschwanz-geld auf unterhaltsame Art in Trinkbares zu verwandeln. Als Maurer und Maler war er im höheren Alter nicht mehr gefragt, umso mehr glänzte er mit frechen Sprüchen. Unser Stammtisch machte auch vor den sogenannten letzten Fragen nicht Halt. Das ewige Leben, wie muss man sich das vorstellen? *In den Himmel? Da will ich gar nicht hin,* sagte der alte Kohler. *Da hüpfen die Engel auf Tischen und Bänken herum und machen – wie die Hühner – alles voll Dreck, und dann heißt es für uns Maler, her mit Farbe und Pinsel, anstreichen! Da gehe ich lieber gleich in die Hölle; da sind wir unter uns und zum Vesper gibt's Bier und Schnaps.* Er stellte sich die Engel wie eine lustige aber unsaubere Vogelschar vor. Übrigens fand ausgerechnet mein Vater, Jahre später, den alten Kohler tot in seiner Hütte. Ob er einen Pinsel in der Hand hatte oder einen halben Maulwurf, weiß ich nicht.

Die tröstliche Geschichte von der Auferstehung zu erzählen über-lassen wir den Fachleuten, deren berufliche Aufgabe und Berufung es ist, uns zu trösten. Sie sagen, man müsse sich das alles nicht vorstellen können, weil es unvorstellbar sei, weil es jenseits aller Vorstellbarkeit liege, weil unsere kleinen Köpfe zu klein dafür seien. Nicht sich vor-stellen soll man das, sondern daran glauben.

Vielleicht ist es so, wie die Buddhisten sagen, dass das individuelle Bewusstsein im absoluten Bewusstsein aufgeht wie ein Regentropfen im Ozean. Dass uns im Tod nur das Ich abhandenkommt, dieses lau-sige, kleine und kleinmütige Ich, das sich so wichtig nimmt und gerne glaubt, alles zu verstehen, und in Wirklichkeit nichts versteht, rein gar nichts … (Aber ohne dieses Ich, was bin ich dann noch? Wenn das Ich mir verloren geht, kann ich den Rest nicht vergessen?) Vielleicht ist es so, vielleicht aber auch ganz anders. Etwas wird schon sein, oder eben nichts … und dass auch ein Nichts gut, schön und tröstlich sein kann, daran möchte ich fast glauben. *Klopfte man an die Gräber und fragte die Toten, ob sie wieder aufstehen wollten; sie würden mit den Köpfen schütteln …,* schreibt Schopenhauer (*Die Welt als Wille und*

Vorstellung II, Kap 41), und er zitiert Voltaire: *On aime la vie; mais le néant ne laisse pas d'avoir du bon* (Man liebt das Leben, aber das Nichts hat auch sein Gutes.) Fest steht, der Tod ist sicher; wir können fest mit ihm rechnen. Aber weil jeder ihn nur ein einziges Mal erlebt bzw. erstirbt, wird er uns verblüffen. Weil wir keine persönliche Erfahrung mit dem Sterben haben, muss der Tod eine Überraschung sein. Ist es nicht eine schöne Vorstellung (zum Beispiel für jemanden, der gern Süßes isst): Die Natur schenkt uns – als Schluss- und Höhepunkt – ein Überraschungsei? Lassen wir uns mit dem Auspacken Zeit! Warten wir's in Ruhe ab. Nichts überstürzen! *No net hudle, wenn's ans Sterbe goht ... Gut Ding will Weile, und pressieren tut's nicht.* Bis dahin aber heißt es, leben und aufrecht bleiben! Dass wir, um moralisch zu sein, den Glauben an ein ewiges Leben bräuchten, in dem wir belohnt oder bestraft würden, ist eine gedankliche Konstruktion, ausgedacht von Leuten, die nicht viel von uns halten. Fest steht nur, dass wir sterben werden. Mit Sicherheit. Darauf, jedenfalls, können wir Gift nehmen.

Andererseits: Mit dem Gedanken an den Tod kann man sich die ganze Freude am Leben auch verderben. Ist, wenn man auf das unvermeidliche Ende schaut, das Leben nicht eine maßlos traurige Angelegenheit? Ein sinnloser Umweg? Jedenfalls, der Spaß wird einem gründlich verleidet.

Versuchen wir es deshalb mit der

humoristischen Variante:

Dass man mit seiner Angst humorvoll umgehen kann, erscheint schwierig, wenn nicht gar unmöglich, aber mit dem Hauptgegenstand der Angst, mit dem Tod, wird der Humor allemal fertig. Für den Humor ist der Tod nicht das absolute Ende, nicht das große schwarze Loch, vor dem wir alle uns so fürchten; er ist nur ein kleiner Un- oder Zwischenfall auf dem Hintergrund einer nicht hinterfragten, naiven, d. h. aus einer kindlichen Perspektive erlebten Unsterblichkeit.

Der Tod wäre bei weitem nicht so schlimm, wenn man nicht persönlich anwesend sein müsste. *Ma muss halt dabisi ...*(dabei sein), sagt man im Badischen, wenn es z. B. an eine Operation oder sogar ans Sterben geht.

Willy Reichert, mein großer Landsmann, sagte: *Wenn ma die Geburt überlebt hat, wird oim der Tod au net umbringe.*

Wir waren bei der Aufzählung der verschiedenen Möglichkeiten, mit der Angst umzugehen. Der Vollständigkeit halber, nenne ich abschließend

die hässlichste Variante: Es gibt eine Art und Weise mit der Angst umzugehen, die einfach nur hässlich ist. Weil ich mich in dieser Schrift, die sich mit den Wegen ins Zufriedenheitsglück befasst, mit hässlichen Dingen nicht mehr als unbedingt nötig abgeben will, nur einige Stichworte:

Grober Materialismus.

Möglichst viel zusammenraffen, um für die Ewigkeit, die es nicht gibt, versorgt zu sein.

Dummheit.

Sich in der Dummheit einrichten und sich für sicher halten.

Dem Leben gegenüber nur Antworten haben aber keine Fragen. (Bevor eine Frage auftauchen könnte, ist die Antwort schon da.)

Sein Wissen, seine Macht überschätzen und sich für alle Unzulänglichkeiten an seinen Mitmenschen schadlos halten.

Anderen Angst einjagen, um die eigene nicht zu spüren.

In diesem Falle wünsche ich mir ein kleineres psychisches Erdbeben: einen Vulkanausbruch, bei dem die Sehnsucht nach dem Eigentlichen mit einem Donnerschlag ausbricht wie flüssige Lava.

Gibt es eine *glückliche Variante?*

Weil niemand sich anmaßen wird, diese ein für alle Mal erreicht zu haben, formuliere ich sie – in Stichworten – als Ideal:

Schön wäre es, die Angst einfach aushalten zu können. Gemeint ist sowohl die kleine Angst vor dem Leben, als auch die große Angst vor dem Tod. Von Demokrit stammt der Satz: *Wer vor dem Tod flieht, läuft ihm nach.*

Doch manchmal ist die Angst vor dem Leben größer als die Angst vor dem Tod.

Schön wäre es, sich zu sagen: Der Tod gehört zum Leben. Punkt.

Schön wäre es, die Angst als Freundin begrüßen zu können und den Tod als Bruder.

Schön ist es, gut zu essen, gut zu trinken, gesund und vernünftig zu leben, sich verantwortungsvoll zu verhalten, sich einzumischen, sich in seinem Umkreis für eine Verbesserung der Verhältnisse (und die Verhältnisse sind immer so, dass sie verbessert werden müssen) zu engagieren, Freundschaften zu pflegen, herzhaft zu lieben. Schön ist es, das Leben zu genießen. Und wenn es soweit ist, geht es ans Sterben.

Denk an das, was der Alte Miehle gesagt hat: *'s Schterba isch gar it so schwer, scho die ganz kloine Kinder können's.*

Die philosophische Haltung ist gut: *So ist der Tod, das schauervollste Übel, für uns ein Nichts; wenn wir da sind, ist der Tod nicht da, aber wenn der Tod da ist, sind wir nicht mehr …* (Epikur). Wer so selbstbewusst mit der Angst vor dem Tod umgehen kann, wird auch mit der Angst vor dem Leben fertig. *Nicht die Tatsachen selbst beunruhigen die Menschen, sondern die Meinungen darüber* (Epiktet).

Die gläubige Haltung ist tröstlich: *Gelobt seist Du, Herr, durch unsern Bruder, den leiblichen Tod …* (Franz von Assisi).

Von guten Mächten wunderbar geborgen, erwarten wir getrost, was kommen mag … (Dietrich Bonhoeffer).

Die humoristische Haltung fegt die Angst mit einem Lachen hinweg, sowohl die Angst vor dem Tod als auch die zehntausend Ängste, die uns tagaus tagein bedrücken. *Der Tag fängt gut an …,* sagte der Delinquent, als er zum Galgen geführt wurde.

Und Karl Valentin sagte: *Wenn ich gewusst hätt', wie leicht das Sterben ist, dann wär' ich schon früher gestorben.*

Gelassenheit wäre schön: In meiner Studentenzeit hatte ich einen

Freund, den ich wegen seiner Gelassenheit sehr bewunderte. Ohne zu prahlen, ohne sich etwas einzubilden, war er sich seiner Sache sicher. Während wir anderen, wenn das Examen näher rückte, vor Angst rotierten, blieb er die Ruhe selbst. *Ich hab' mein Zeug gelernt, jetzt kann ich auch nicht mehr machen … Schlafen ist wichtiger!* Eine dermaßen stabile Gelassenheit, wer hätte sie jemals erreicht?

Doch kehren wir – nach diesem langen Umweg (der für Sie, liebe Leserin, lieber Leser, hoffentlich nicht zu lang geworden ist) – gelassen zum *Jetzt* zurück, in diese Wohnung, in der das Glück, wenn es Lust hat, uns zu besuchen, gerne verweilt. Die Wohnung hat eine Türe und zwei Fenster, habe ich gesagt; an der Türe bestimme ich, wer hereindarf und wer nicht. Das eine Fenster geht in die Vergangenheit, das andere in die Zukunft; aus beiden dringen Kobolde herein, die, wenn wir nicht aufpassen, für ein heilloses Durcheinander sorgen. Welcher Besucher kommt schon freiwillig in eine Wohnung, in der das Chaos herrscht und kaum Platz zum Atmen bleibt? Leider ist der Inhaber der Wohnung, unser Ich, eine schwache Figur. Als Gastgeber des Glücks bräuchten wir einen Zauberstab, der uns beim Aufräumen hilft und die Türe öffnet. Diesen Zauberstab gibt es; er heißt: *Aufmerksamkeit.* Und damit sind wir wieder am Anfang dieses Kapitels.

Aufmerksamkeit ist immer Aufmerksamkeit für das, was *jetzt* gerade da ist.

Wichtiger als die Aufmerksamkeit der Anderen, die ich auf mich lenke (und, sofern sie einer vorzeigbaren Seite von mir gilt, passiv genieße), ist die Aufmerksamkeit, die ich aktiv praktiziere.

Ich versuche, mich zu konzentrieren. Bleib da, sage ich mir. Doch kaum bin ich da, schon muss ich wieder weg. Viel zu zappelig, um einfach zu bleiben, springe ich aufgeregt hin und her. In meinem Kopf herrscht ein wildes Gedränge. Eine Vorstellung reiht sich an die andere. Ein Gedanke zieht den anderen zu sich herein. *Bub, du hast Quecksilber im Hintern,* hätte meine Mutter gesagt. Sie hätte gelacht oder ein Lied gesummt. *Hock dich doch einfach hin*, hätte sie gesagt, *und gib Ruh!* Doch das ist leichter gesagt, als getan.

Ich versuche, einfach nichts zu tun, was eine Weile sehr angenehm, aber auf Dauer unmöglich ist. Nach einer Weile zucken Arme und Beine von selbst.

Ich versuche, nichts zu denken, doch bald habe ich eine Herde junger Rinder im Gehirn.

Ich versuche, ein spannendes Buch zu lesen. Beim Lesen eines interessanten Buches kann ich mich sammeln. (Ein nachdenkliches Buch eignet sich mehr als ein wissenschaftliches; ein schnörkellos geschriebene Erzählung eignet sich am besten.)

Ich mache einen Spaziergang, drehe eine Runde mit dem Fahrrad. Bei schlechtem Wetter gehe ich im Zimmer hin und her wie ein Tiger im Käfig. Ich mache Gymnastik und sage mir, das ist gut für die Gesundheit. Wenn ich mich bewege, kann ich für Augenblicke sehr aufmerksam sein.

Ich arbeite. Wenn es mir gelingt, mit Freude und Konzentration zu arbeiten, ohne Quälerei, ist die Arbeit ein Genuss. Dann bin ich im Jetzt.

Damit die Arbeit zum Genuss wird, muss ich rechtzeitig mit ihr aufhören. Was für ein Privileg, wenn man eine Arbeit hat, bei der man, wenn man will, aufhören kann! Der absolute Luxus besteht darin, dass man eine sinnvolle Arbeit hat, die man sich frei einteilen kann, die Spaß macht und obendrein Geld und Ansehen bringt.

Ich rede mit Leuten, unterhalte mich mit dem Nachbarn, trinke mit einem Freund das berühmte Glas Bier; wir erzählen, diskutieren, machen Spaß und finden immer etwas, worüber wir reden und lachen. Dann sind wir im Jetzt. (Doch Vorsicht! Nicht jeder hält es gut mit sich aus; dann heißt es: *nichts wie weg!*)

Viel Aufmerksamkeit erfordert die Liebe; in der Liebe wird das Jetzt breit und angenehm wie ein großer, freundlicher Strom.

Ich versuche, ganz bei mir selbst zu sein.

Ich versuche, mir vorzustellen, was man sich nicht vorstellen kann: das Sein an sich, den großen Gott, der wie ein Hirte alles, was ist, auf die Weide treibt.

Ich versuche Kontakt aufzunehmen mit den göttlichen Gesandten: mit Buddha, mit Mohammed, mit Jesus Christus, auf den ich getauft bin (weshalb ich seine private Handynummer besitze, auch wenn er normalerweise nicht antwortet und auch die Mailbox nicht eingeschaltet hat …).

Ich versuche, dem großen Gott und seinen Helfern für alles zu danken, was sie bis jetzt Gutes getan haben und, wie ich hoffe, weiterhin tun werden.

Ich unterhalte mich mit meinem guten Engel; d.h. ich meditiere und sage mir, die Meditation ist ein Zwiegespräch mit meinem guten Engel.

Ich mache Entspannungsübungen; ich übe mich im Autogenen Training, wandere mit meiner Aufmerksamkeit durch den Körper und danke jedem Organ für die Zuverlässigkeit, mit der es (bis jetzt) funktioniert.

Ich empfehle meinem Körper, kleinere und größere Störungen möglichst selbst zu beheben: Hilf dir selbst, sage ich, sonst geh ich zum Arzt!

Ich lege mich auf die Couch, übe mich in *freier Assoziation*, und lasse mich führen, wohin ich nicht will. Ich denke an Sigmund Freud, den ich verehre wie sonst niemanden.

Es ist Sonntag. Ich nehme an einem Fest teil. Alle kommen etwas feierlich daher, die meisten Männer tragen Krawatte, einige Frauen erscheinen im langen Kleid und haben Glitzer im Haar. Die Musik spielt; während die jungen Leute tanzen und sich verliebt in die Augen schauen, schauen die älteren etwas tiefer ins Glas … Jemand hält eine etwas zu steif geratene Rede, ohne die es nicht geht und über die man sich insgeheim lustig macht. Dann wird ein Theaterstück aufgeführt, das nur den einen Zweck hat, uns zum Lachen zu bringen, was ihm hervorragend gelingt … Man lacht, man isst und trinkt, man gibt sich freundlich, unterhält sich … Alle sind gut drauf.

Ein Fest ist das Schönste, was wir Menschen miteinander veranstalten können. Ein Fest ist Höhepunkt und Auszeichnung. Die festgefügte, starre Ordnung darf für diesen besonderen Augenblick aus den Fugen geraten. Was sonst so *fest* ist, im *Fest* wird es gelockert. Grenzen, die uns gesetzt sind, und die wir errichten, werden überschritten. Alles ist so, wie es sein soll, und alles ist anders, als es ist. In seiner ganzen Schönheit zeigt sich das *Jetzt*.

Vergessen wir die Suche nach dem ganz großen Glück – es ist nie dort, wo man es sich am sehnlichsten wünscht!

Wie schön ist es doch, ein Mensch (d. h. ein Mensch unter Menschen) zu sein!

Was für ein Glück, zu *sein*!

Das Jetzt ist unbeständig, nicht wiederholbar und schön.

Die Begeisterung gibt dem Jetzt seinen Glanz.

Immer wieder schieben sich Wolken dazwischen, aber dann, als ob nichts wäre, schaut die Sonne wieder heraus.

Auf jeden Fall ist das Leben eine gute Gelegenheit, etwas zu lernen.

Versuchen wir zufrieden zu sein mit diesem winzigen, scheuen Augenblick, den man nicht festhalten kann!

Zum Abschluss: Gibt es das Glück?

Vielleicht ist das Glück nur ein Wort. Immerhin gehört es zu den Worten, die jeder versteht – bis er danach gefragt wird.

Weil »Glück« sich als Begriff nicht eindeutig definieren lässt, scheint es für ernsthafte Untersuchungen wenig geeignet, aber gerade die Verschwommenheit hat ihren Reiz. Das Unglück jedenfalls ist real. Zu oft sind wir damit beschäftigt, es herbeizuführen und zu erhalten. Die Strategien, die wir zu diesem Zweck einsetzen, sind äußerst wirkungsvoll. Aber was für ein Glück: Nicht nur das Glück ist wie Glas, auch das Unglück ist zerbrechlich!

Oft ist das Glück nur eine verklärte Erinnerung, eine vage Hoffnung, ein Traum. Manchmal erleben wir einen Zipfel dieses Traums als Wirklichkeit und wollen uns möglichst lange an ihm festhalten. Aber das Rad des Glücks dreht sich: Auf das Oben folgt immer ein Unten, auf das Unten, wenn wir Glück haben, wieder ein Oben … Weil wir selbst vergänglich sind, gibt es kein ewiges Glück.

Drei Bedeutungen haben wir unterschieden:

Das Wunscherfüllungsglück, das Glück als absolutes Hochgefühl und das Glück der inneren Zufriedenheit. Freuen wir uns, wenn unsere Wünsche in Erfüllung gehen, genießen wir das Hochgefühl, auch wenn dessen Unbeständigkeit uns schreckt. Beständig und deshalb besonders erstrebenswert ist das Glück der inneren Zufriedenheit. Um diese Art des Glücks zu erreichen, können wir einiges tun.

Halten wir fest, was wir herausbekommen haben. Zehn Wege haben wir gefunden, die, bei aller der Schwierigkeit des Themas angemessenen Zurückhaltung, eine Annäherung an das Glück der Zufriedenheit wahrscheinlicher machen:

Der Weg der Dankbarkeit: Sei dankbar für das, was du hast … und auch für das, was du bist!

Der Weg der Sinne: Genieße … und übe dich im Genuss!

Der Weg des Habens und Nichthabens: Entsorge, was du nicht brauchst!

Der Weg der Familie, der Freundschaft, der Geselligkeit, des Miteinanders: Lerne allein zu sein und suche Kontakt! Vertraue, aber sei nicht dumm!

Der Weg der Gefühle: Lerne zu lieben und zu hassen!

Der Weg des Geistes: Gebrauche deinen Verstand – aber bleib offen für das, was du nicht verstehst!

Der Weg des Glaubens: Vertraue auf Gott …, wenn du kannst!

Der Weg der Selbstwerdung: Sorge für dich selbst!

Der Weg der Arbeit: Freu dich, wenn du nichts zu tun hast, aber tu dein Bestes!

Der Weg der Aufmerksamkeit: Lebe im Jetzt, aber vergiss die Vergangenheit nicht und denk an die Zukunft!

Unser größter Fehler ist, dass wir, wenn wir glücklich sind, noch glücklicher sein wollen. Die Übertreibung macht alles kaputt.

Zum Abschluss: Anstelle eines ausführlichen Tests, der den Nutzen der Lektüre überprüfen und damit, wie bei solchen Tests üblich, vielleicht zu neuen Missverständnissen führen könnte, schließen wir dieses Buch mit einem Rätsel. Ich bin sicher, dass Sie jetzt, nachdem Sie sich durch diesen Text gearbeitet haben, in der Lage sind, die Lösung auf Anhieb zu finden:

Rätsel

Alle suchen danach.
Niemand hat es gesehen.
Jeder versteht etwas anderes darunter.

Je unbestimmter es sich gibt,
umso verlockender scheint es zu sein.
Verfolgt wird es an den lautesten und trostlosesten Orten,
immer wieder aufgespürt, vertrieben, zu Tode gehetzt,
kein Wunder, dass es so scheu geworden ist.
Da es zu den bedrohten Arten gehört,
müsste man diesem Geschöpf nicht eine Schonzeit verordnen?
Mancher meint, es gefunden zu haben,
und geht seinen Zeitgenossen damit gehörig auf die Nerven.
Mancher beklagt sich darüber, dass er es niemals erreichen wird, und geht
gerade mitten hindurch.
Meistens ist es nicht da, wo man es vermutet.
Oft merkt man es gar nicht, wenn es da ist;
erst wenn es weg ist, glaubt man zu wissen,
wie es aussehen könnte.
Um sich ihm zu nähern, kann man einiges tun,
aber wer nach ihm jagt, verjagt es bestimmt.
Wer es festhalten will, macht es todsicher kaputt.
Am besten ist, man übt sich in Zufriedenheit,
geht geradeaus
und lässt es einfach links liegen ...
Dann kommt es – vielleicht – ganz von selbst.

Was ist das?

Liebe Leserin, lieber Leser, ich bin sicher, Sie haben die Antwort gefunden. Ich wünsche Ihnen, was auch kommt, innere Zufriedenheit – und in diesem Sinne: Viel Glück!